揚起你的嘴角

給自己40個微笑的理由

李雲帆 Able Lee◎著

微笑・幸福

忙碌，已然成為了現代人的主旋律。走在熙熙攘攘的大街上，看著那些行色匆匆的路人臉上，不是眉頭緊鎖，就是冷漠呆滯，很少能夠看到有人能面帶微笑。

我們的微笑去了哪裡呢？

微笑，本來不過是生活中最平常的表情之一。可是，卻被生活中的種種壓力和無奈磨滅了。

如果我說，每天給自己一個微笑的理由，讓自己喜歡上微笑，你會如何想呢？你或許會覺得微笑是再簡單不過的事情，哪裡需要給個理由呢？但是，事實上我們生活中的微笑卻正在不斷減少，我們現在要做的就是找回微笑，讓微笑重新回到我們的身邊！

微笑，是一種力量。

當你生氣煩躁的時候，微笑能夠讓你快樂起來；當你受傷的時候，微笑能夠撫平你的傷口；當你氣餒時，微笑能夠讓你重新振作起來！微笑，已經不是一種簡單的表情，更多的時候，微笑代表了我們的人生態度。喜歡微笑的人是快樂的、是寬容的，他們善於發現生活中的美，更勇於接納生活中的任何坎坷和困難。

一個簡單的微笑，看似微不足道，可是卻蘊含了巨大的能量。泰國著名的景點普吉島，每年都能吸引大量的遊客前來參觀旅遊，除了美麗的景色以外，普吉島吸引人的地方就是當地人的微笑。在那裡，我們隨處可見微笑的人們，到了那裡，你就能夠立刻感受到濃濃的幸福和溫暖。這就是微笑的力量，有了微笑，就有了幸福！

微笑，是一種魔力。當你心情煩躁的時候，如果路上有一個行人對你展示一個溫暖的微笑，你的心情會不會突然好起來呢？你的煩惱會不會因此而消散呢？微笑，就是這樣的有魅力。你可以長得不漂亮，但是，卻不能不懂得微笑，只要你會微笑，你就是美麗的。

沒有人會拒絕微笑，即使你們從來沒有見過，只要有一個微笑存在，你們之間的距離就會立刻拉近。微笑，就是這樣一種具有魅力的表情。

沒有微笑的世界是可怕的，不會微笑的人是可憐的。

你失去了微笑，就代表你失去了幸福，保留住你的微笑，也就是保留了你的幸福！

微笑在左，幸福在右。微笑是一種人生態度，是一種積極向上幸福的態度。這樣的態度和金錢、地位都沒有關係，只要有微笑在，幸福就會在。喜歡微笑的人，內心充滿了陽光，他們的微笑從內心散發出來，總是帶著暖暖的味道！

歲月靜好，微笑不變。

給自己一個微笑的理由，無論生活有多少坎坷和困難，只要微笑在，幸福就在！

不快樂的出口是一道虛掩的門

不知從什麼時候開始，鬱悶成了現代人的代名詞。

為房子鬱悶、為車子鬱悶、為孩子鬱悶……鬱悶幾近將我們吞噬。

我們開始忘卻來時的路，忘卻要去的方向，我們終日愁眉緊鎖，我們終日閉口不言，我們再也不會微笑了。

想必在上帝創造人類的時候，並不曾想過人類會遭遇今日的尷尬局面，當整個世界充斥著忙碌、焦慮和壓力時，我們內心世界的和諧也終於土崩瓦解。

是的，我們不再快樂了。

那麼，我們為什麼不再快樂？

在二十五歲的時候，我一腔熱血、躊躇滿志想在我自己學習的專業上有所建樹，當我獲得人生中的第一份工作時，我急於想在人前表現自己的能力，對於其他工作夥伴提出的意見和勸慰都嗤之以鼻。那個時候，我的自尊心和驕傲達到了前所未有的膨脹。轉眼，三個月的實習期已過，當我滿心期待獲得公司的嘉獎時，等來的卻是被辭退的結果。

那一瞬間，感覺天都塌了。

此後的兩年，我再也沒有從事與自己學習的專業有關的工作，而是自我放逐，我再也沒有開懷的笑過，當再次見到我課業的導師 Mike 時，我彷彿老了十歲。

我們一起在餐廳吃飯，談談這兩年的經歷。

他忽然問我：「Able，今天的你為什麼不快樂？」

我苦笑：「我想我不可能在心理專業的這方面有所建樹了，我不知道，也許國內並不適合我……」

「Able，我不知道你為了什麼傷心、沮喪，可是你要記住你的專業，你是一位專業的心理工作者，如果你都不快樂了，那麼，那些不快樂的人該怎麼辦？我見過一位乞丐，他每日在垃圾箱裡撿食物，可是他從不和路人要錢，每次當我經過他身邊時，他都會微笑的伸出手和我握手，我從來沒有覺得他和我們不一樣，他的快樂感染了我……有時候，一無所有，更能感受到快樂的真諦……」Mike 轉著手裡的酒杯，微笑地看著我。

快樂的真諦？

故事無須再講下去，因為，Mike已經給了我選擇。

後來的幾年，我開始重新回到我的專業領域，努力工作，無論挫折與否都堅持自己夢想。我最喜歡的事情就是看到我的患者綻放的每次微笑，我最願意做的事情就是鼓勵那些不快樂的朋友勇敢走出不快樂的房間。

之所以寫下這本書，也是因為看過太多的不快樂之人走上了人生的絕路。當我扼腕嘆息之際，也希望告訴這些鬱悶者們一個道理——不快樂房間的大門並沒有死死地封閉，它並不是一條死路，它的大門只是虛掩著，如果你有勇氣去推開它，就夠了。

這是我的導師Mike沒有告訴我的道理，當我想通之後，微笑再也沒有離開過。我也希望你們看過這本書之後——快樂的人更快樂，不太快樂的人可以多一些快樂，太不快樂的人開始快樂。

揚起你的嘴角，什麼都可以釋懷。

Chapter 1

坎坷在前，成長在後

Chapter 2

愛與被愛都是一種幸福

Chapter 3

俯拾溫暖心田的瞬間

Chapter 4

擁抱跌跌撞撞後的雨過天晴

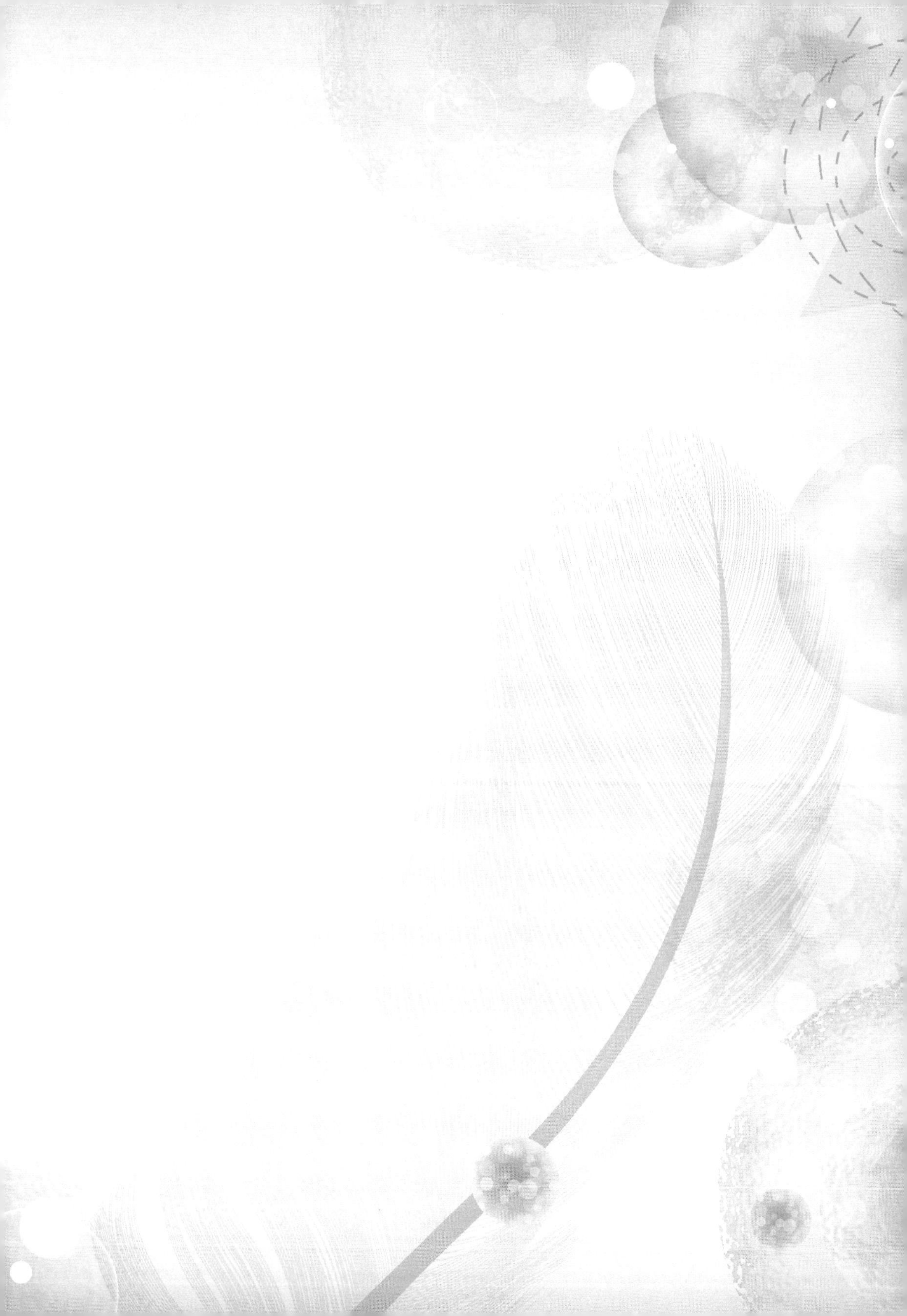

Chapter 1

坎坷在前，成長在後

1

面試失敗，卻可離成功更近了一步

面試失敗了，你痛苦，你失意，你沮喪！但是，人生中的失敗何其多，又何必耿耿於懷？與其抓住失敗，不妨放開痛苦，試著找尋一個微笑的理由。即使失敗再多，我們也要讓生活燦爛陽光起來！

前不久，我參加一個商業培訓班。課堂上，老師問：「不知道大家有沒有面試失敗的經歷？」聽了這個問題，大家紛紛發言，看來有過面試失敗的人還是挺多的。老師的問題也勾起了我的回憶，要知道，在剛剛畢業的時候，我面試失敗的次數連我自己都數不清，林林總總少說也數十次。剛畢業的時候，我一心急於找工作，每天不斷參加應徵，但是失敗的次數也是可想而知。起初，我也很沮喪，甚至對自己一度失去了信心。

有次，我又帶著沮喪的心情走出辦公室。旁邊一個同樣面試的人看到我這樣，主動對我說：

「怎麼樣？成功了嗎？」

我看了看他，搖搖頭。

他對我微微一笑：「沒關係，面試失敗很正常，我也失敗了很多次，一開始我很沮喪，想到面試就害怕，到後來，我發現我竟然不再害怕了，和面試官之間的溝通也變得更加順暢起來。這難道不就是我從面試中學到的經驗和技巧嗎？不要灰心，只要有信心，我們一定能找到滿意的工作。」

是的，面試失敗又怎麼了？也不過是為了下次的成功做準備而已。我仔細回想了我屢次的面試，確實讓我成長了很多。起初的面試我總是力不從心，很多時候不懂得如何應對面試官提出的刁鑽古怪問題，可是如今，雖然我還沒有達到遊刃有餘的程度，但是，我確實已經學會了應對面試官種種的刁難，對答也變得更加從容了。自那以後，我再也不沮喪了，將每次面試都當作是一份成長，最後也終於找到了自己滿意的工作。

人生總是有很多坎坷的，面試失敗也不過是人生眾多中的小坎坷之一而已。在失敗的時候，我們總是會感到沮喪，感到挫折。其實，反過來想，失敗不過是人生的必修課之一，沒有任何人沒失敗過，也正是因為有了失敗，才會有今後的成功。失敗不可怕，可怕的是我們沒有面對失敗的勇氣。

面對失敗，我們何不給自己一個微笑的理由，坦然面對呢？

無所謂好與壞，思想使然

莎士比亞曾經在《王子復仇記》一書中寫道：「世上本無所謂好與壞，思想使然！」其實，失敗也無所謂好與壞，關鍵看用何種心態對待。在失敗面前該保持微笑，還是用愁容來面對失敗，全在於你的心態如何！

有些人在失敗後，會一度沉淪在失敗中無法自拔，每天自怨自艾，甚至喪失信心，對生活產生了絕望。但是，也有一些人，他們雖然失敗了，卻用笑容坦然迎接失敗，反而從失敗中學習到了更多。

思想是一個看似無關緊要，卻和生活息息相關的東西，可以說，生活就是思想所決定的。羅馬偉大的哲學家瑪律卡斯．大流士曾經說過：「生活是由思想造成的。」這句話看似平常卻蘊含了深刻的哲理，也說明了思想的重要性。要知道，心裡所思考的一切才是真實的自己，從思想中就可以看出你是一個怎樣的人。

當我們大腦中存在的都是愉快的思想，那麼，我們自己就會獲得更多快樂；當我們大腦中存在的都是悲傷的旋律，生活必然也會黯然神傷；如果腦海中總是閃爍著讓自己微笑的信號，相信，微笑也不會從臉龐消失；如果大腦讓愁眉苦臉控制，眉頭自然也不會舒展開來。不要忽略自己的思想，不妨將快樂和微笑駐紮在腦海中，經常保持微笑。

失敗有什麼呢？不過是為了下次成功打基礎而已，微笑一下，自然雨過天晴！

承受住了，自然就有所成長

面對失敗，你能承受得了嗎？相信很多人在失敗的時候總會有心灰意冷的階段，不過當失意過後，生活還是要繼續的，而，我們需要做的就是給自己一個微笑的理由，只要留住了微笑，我們就可以欣然接受失敗，繼續迎接下一個挑戰！當你用微笑擊退失敗，自然也會有所成長了。

人生的成長過程，我們走過的每一步都是在為以後打基礎，當然這裡面也包括失敗。其實，失敗並不是偶然，是人生的必然。一個沒有失敗的人生是可怕的、蒼白的。沒有體會過失敗的滋味，怎麼能夠懂得成功的喜悅？

成功後的微笑是每個人都喜歡的，但是失敗會讓你的成功更加有底蘊。失敗是對一個人最好的磨礪，而能夠承受住失敗則意味著你的成功已經取得了一半。

不要因為失敗而丟棄了微笑，它不過就是一塊試金石，當你承受住了考驗，成功就會來得更多，微笑也自然更多！因此，面對失敗，又何須愁眉苦臉呢？

我們需要的就是給自己一個微笑的理由，保留住自己的微笑，讓失敗在微笑中變得不再痛苦，用微笑來迎接下一次的成功！

失敗也微笑

失敗到底是好是壞？人生中的失敗不可避免，即使失敗再多，也不要丟棄微笑，有了微笑就彷彿有了力量，成功也會更近！

記住，失敗無所謂好與壞，一切在於心態！喜歡微笑的人才會更容易獲得成功！

無論失敗多麼痛苦，我們也要學會微笑面對，承受了他人所不能承受的失敗，就已經獲得了勝利的一半！

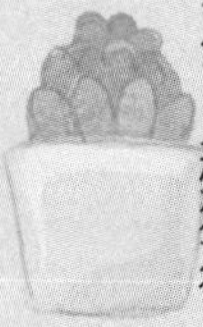

2

沒達到預期，卻可學會適可而止的智慧

生活中有很多期望，可是，結果卻常常不能讓人滿意。沒達到預期，我們該如何呢？既然是預期，那麼，就會有多種結果，我們又何必斤斤計較呢？與其灰心失意，不如適可而止。將嘴角揚起，失望了也要微笑！

很多時候，我們對於某些事情總是抱著很大希望，結果往往達不到我們的預期反而更加失望。

阿明是一個有點急功近利的人，每次在制訂計畫時都訂了很高的目標，結果卻總是達不到讓自己滿意的程度。所以，阿明常常會有點怨天尤人。

這次，阿明準備參加一個競賽，他給自己制訂的目標是——非第一名不拿，因為他覺得自己有這個實力。於是，我就問阿明說：「你確定你一定能夠獲得第一名嗎？」

阿明很有自信地說：「是。」

我反問他說：「如果你拿不了第一呢？」
阿明似乎很吃驚，第一反應回答說：「不可能，我很有信心。」
我繼續說：「但是，世界上沒有絕對的事情，很多事情都是有意外的，如果你拿不了第一怎麼辦？」
阿明似乎一時轉不過來了，呆了片刻，他懦懦地說：「我從來沒有想過這個問題，我覺得我肯定能夠拿到第一，我的期望值就是這樣的，我覺得制訂目標就要制訂大一些，這樣能夠更快實現自己的理想。」
我說：「但是，你有過沒達到預期的時候嗎？」
阿明說：「當然有，不僅有，還很多，每次預期沒有達到的時候，我都很失望，甚至會委靡不振很久呢！我總覺得我的生活不快樂！」
「其實，人生本就有很多的失敗，更多的時候，原本我們抱有很大希望的事情，反而往往會讓我們更失望。預期而沒有達到的事情簡直太多了，如果每個都讓我們沮喪，那麼，生活中哪裡還會有微笑呢？現在，你最應該學會的就是適可而止，目標不要訂得太高，何必如此為難自己呢？」我勸慰他說。
阿明聽了我的話，微微點了點頭，我知道他還要想很久才能明白箇中道理。但我依舊對他抱有希望，我知道他會放下重擔，快樂起來。

生活中，預期的目標往往並不能百分百全部實現。此時，有的人從中得到了成長，有的人卻只會懊喪。預期沒有達到的情況很多，因此，我們大可不必為此而苦惱，最重要的是要揚起微笑，經常把握住快樂的人生哲學，並從中學習更多的人生真諦！

失望又如何，得到教訓才最寶貴

你的微笑又消失了，因為你的期待又沒有達到，你感到了失望！

可是，這又有什麼呢？

不過是人生又給我們上了一課罷了，我們何必將那寶貴的微笑從臉龐上卸掉呢？所以，不要氣餒，更加不要愁眉苦臉。失望並不可怕，可怕的是絕望，以及丟失了微笑。

失望不過一陣子，絕望可能就會是一輩子！

人生彷彿在行舟，剛開始，當遇到礁石或者風浪時，自然會感到非常害怕，不知道該如何駕馭，但是時間久了，當遭遇的暴風雨多了，自然就不會再害怕。在一次次的暴風雨中，行舟的技術也在不斷提高，面對風暴，不僅不會懊惱，反而能夠微笑著去挑戰。

微笑雖然很不起眼，可是，正因為可以微笑面對，才能得到更多的經驗和成長，人生的道路才會更加精彩！

有這樣一群人，他們無論何時都會面帶微笑，這些是智慧的。雖然他們也會失望，但是，他們只會將失望當作是人生的歷練，他們更看重的是從失望中得到的教訓，所以，他們可以經常保持一個明媚的心情。

阿明無疑是一個自信的人，可是他卻有一個極大的缺點，那就是不懂得從失望中總結教訓，不懂得適可而止，所以他很難得到快樂，成功也不容易降臨在他的身上。每次看到他，都是在怨天尤人，如此的心態，又怎麼能快樂？一個不快樂的人，一個連微笑都難以維持的人，成功又如何會喜歡他呢？因此，保持微笑不僅讓你快樂，也會讓你更容易成功！

其實，沒達到預期並不是一件壞事，至少你從中學會了如何適可而止。

雖然失望，可是卻不會丟失微笑，這才是生活的根本！

溝壑難填，不如適可而止

當你心裡的預期沒有達到的時候，你會不會學著適當地將自己的目標訂得小一點呢？就像阿明，如果說，他以一種平和的心態對待競賽，以重在參與為目標，那麼，就算他獲得一個入圍獎，恐怕也會十分開心。

生活中為什麼有的人微笑多，有的人微笑少呢？

這和慾望有關，懂得適可而止的人，必然是懂得滿足的人，即使小小的喜事也會因此感到無比開心；慾望比較大的人，即使獲得了很多，依舊會不滿足，快樂也就會減少一點。

懂得適可而止的人，他們微笑的理由也多一些，沒達到預期，又有什麼關係？下次繼續就好啦！何況，人生本來就是不完美的，我們何必苦苦追求所謂的完美呢？

懂得適可而止的人，是智慧的！他們的生活不會太辛苦，因為他們的慾望沒有那麼多。累了，就痛快休息；苦了，就等待甜蜜；痛了，知道如何去珍惜；錯了，勇敢直接面對錯誤。無論他們經歷多少酸甜苦辣，總能夠轉身將煩惱拋離；無論多麼艱難，也可以微笑面對。在他們的生活中，雖然有痛苦，但更多的是快樂，因為他們不強求，所以他們更快樂！

懂得適可而止的人，是寬容的！面對人生的得失，他們總會給自己一個微笑的理由，即使再過於平凡，即使人生的缺憾再多，他們也能敞開心扉迎接陽光。在他們的心中：人生是美好的，生活是快樂的。

凡事不去計較太多，人生就會多一點快樂！

對於已經發生的事情，對於那些我們不能改變的事情，何必去計較呢？適可而止就好！溝壑難填。恰到好處，才是人們在處理事情時應當抱有的態度，才會得到更多微笑，獲得更多快樂！

人的慾望和追求是沒有止境的。如果想要留住微笑，此時，我們就要學會不要再去妄想太多，守住自己擁有的。我們要學會適時放棄，保留住微笑的理由，人生便沒有陰天。

對於那些沒有得到的，我們也大可不必念念不忘，人生的得與失本身就是平衡的，既然逝去了，那麼，就說明那些東西原本不該屬於你。

沒有財富，但擁有健康；沒有美貌，但擁有才華；沒有榮譽，但擁有能力；沒有成功，但擁有經歷！

過去的就讓它過去，試著去遺忘，試著用微笑面對，轉過身生活依舊精彩！

失望也微笑

希望越大、失望越大。凡事做最壞的打算，向最好的方向努力，即使期望沒達到，至少不會感到太失望！

人生的智慧是最難得的財富，只要收穫了一定的經驗，我們就該微笑以對！

適可而止是人生智慧之一，學會適可而止，學會適時放手，學會尋找微笑的泉源！

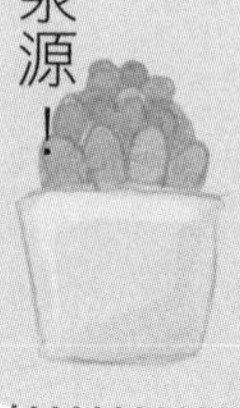

3

投資失利，卻能知道如何守護財富

投資失利，金錢流失，看著自己的財富丟失了，無論是誰一定會感到十分傷心。但是，人生的失利何其多，投資失利也不過是一個小插曲，更何況「千金散去還復來」。不要沮喪，以微笑面對失去，在失利中獲利！

最近我發現了一個怪現象——年輕人開始討論最多的就是關於基金的問題。如今，人們對於自己的財富管理，和以前大大不同。現在人已經不滿足於僅僅將金錢存在銀行，而開始喜歡自己打理金錢，尤其對那些年輕人來說，這不僅是對自己未來做儲備，也是對生活認真的態度。

最近，基金很流行，年輕人紛紛跟風開始買基金。每天在辦公室中，都會聽到有人說：「哎呀，我的基金漲了，賺到了！」也有些人會哀嘆說：「慘了，慘了，我的基金大跌，怎麼辦？怎麼辦？」

看著他們這麼有熱情地投入基金大潮中，我也想起了我幾年前買賣股票的經歷。當時，我的手中有一筆閒置資金，雖然數目不是很大，但是，不想放在銀行中貶值，於是就想到投資。一位以炒股為主業的朋友此時向我推薦了股票，對於股票我雖然瞭解不多，可是我也知道，股票高收益高風險，如有不慎，很容易被套牢。但是，當時也沒有太好的投資管道，於是就冒失地進了股市。

剛開始的時候，成績確實不錯，還小賺了一筆。於是，就開始自己操作。可是，就在半年後，股市開始大跌，我買的幾支股票也隨著跌到了谷底，我的資金縮水了一半。看到這樣的成績，我很沮喪。我求助於朋友，朋友說：「那就等著解套吧！如果你不想等，就退出股市。股市是有風險，不僅股市，任何的投資都有風險，你不能抱著只賺不賠的心理。以後投資的時候也要謹慎一點。」

朋友說得很有道理，任何的投資都是有風險的，有賺就有賠，只是我剛開始的勝利讓我迷失了方向，最後失敗的時候就有些無法接受。

後來，我就不再關注股市。至於那些投進去的錢，我因為暫時用不到，就放在那裡，如果以後賺了，那是幸運，如果以後賠了，也不會後悔。我便開始用更加平和的心態對待金錢。想明白後，我不再傷心了，久違的微笑也回到了臉上，生活也歸於了平靜。

金錢不過是一個符號，當我們擁有足夠多的金錢時，它就會失去了基本功能，開始變成我們存摺上的一個數字，沒有太大的意義。金錢的擁有是沒有極限的，即使再多的金錢也是滿足不了人們的貪慾。因此，反倒不如放平心態，坦然面對金錢。

投資失利的事情在生活很常見，我們需要做的是從失敗中汲取教訓，然後更好地守護自己的財富，更合理地規劃自己的理財生活。不要為了失去的金錢而愁眉不展，金錢和微笑相比，不過是一片浮雲而已。

微笑是人們一筆無形的資產，擁有了這筆資產，我們才能稱得上是真正的富有！

投資失敗又有什麼呢？這並不能成為我們不微笑的理由，即使失去再多金錢，我們也要保持微笑，將快樂繼續下去！

正確對待金錢，切莫急功近利

金錢是我們日常生活中必不可少的東西。但是，想要獲得更多的金錢，也並不能夢想一朝一夕致富。

我身邊的年輕人經常在感慨：「錢怎麼又不夠花了，真是窮死了，又要當月光族了。」我也看到很多年輕人為了金錢而愁眉苦臉。難道沒有足夠的財富，沒有鉅額財富，我們就要過著不開心的日子嗎？我們生活清貧就要將微笑丟失嗎？當然不是，如果你現在依舊這麼想，那麼，請放棄這樣的想法，趕緊將你的微笑和快樂找回來。

金錢並不是衡量一個人幸福的標準，擁有了金錢也並不代表就一定快樂。更多時候，我們在擁有金錢的同時，反而會帶來更多的煩惱。做為一個想要快樂的人，我們就必須要正確對待金錢和財富，千萬不要成為金錢的奴隸，被金錢而奴役。

Coco最近一直在苦惱，原本每天笑容滿面的她，變得愁眉苦臉。原來，她購買的基金賠了。要知道她才工作兩年，薪水並不是很多，即使存下來一些錢，也是辛苦賺來存下的，如今賠掉了，自然會很傷心。

其實，Coco買基金並沒有錯誤，錯誤的是她沒有謹慎地對待自己的這次投資，沒有學會如何去守護自己的財富。希望這次的經歷能夠讓她從中學到一些理財經驗，能夠更好地培養理財意識，不再急功近利。

然而，對於像Coco這樣的年輕人來說，投資失利反而是一件好事，因為可以讓他們從中汲取教訓，每個人的成長都應當伴隨著一些坎坷，否則人生的路途太過於平坦了，反而會讓人覺得沒有成就感。

成長就是在一步步坎坷中展現的，坎坷有什麼呢？不過是上帝賜予我們的珍貴禮物而已，因此，不必懊惱，不必傷心，而是要微笑面對，用微笑來抵擋一切的不順利！

學會謹慎才是一輩子的財富

投資失利確實是一件讓人鬱悶的事情，可是，反過來看，如果我們能夠從中學到東西，豈不也是一個能夠讓人揚起笑臉的理由？人生的失利很多，如果我們面對每個失利都要沮喪，那麼，微笑恐怕就不會再出現在我們的生活中了。投資失利不要緊，重要的是我們學會了如何去守護財富。

其實，真正的財富並不僅僅是金錢，恰恰是很多金錢以外的東西，比如健康、理想、親情、愛情、友情、品格等等。謹慎的態度對我們來說是非常重要的，不僅在於金錢，還在於生活的各方面。如今，社會環境的壓力致使人們總是在不斷追求速度，所以，大家特別容易出現浮躁情緒，總是想要快點看到成效。可是，越是這樣事情就越是適得其反！

很多事情並不是急躁就可以成功的，反而需要我們謹慎對待、認真分析，才能得到更好的結果。

因此，我們不要為了那點所謂的財富而去懊惱，而是要抓住真正的財富，只有將這些真正的財富擁有了，我們才會擁有更加真實和燦爛的笑容。

相信在今後的道路上，即使你遇到了比現在更加困難的事情，你也會坦然對之、微笑面對。

失利也微笑

人生失之交臂的東西很多，得到又失去的東西更多，因此，我們不必懊惱，要面帶微笑大步向前走！

謹慎的態度是人生難得的財富，擁有了這種精神，相信比擁有更多財富更加重要！

4

公車很擠，卻不至於讓我失去更好的天空

面對沙丁魚罐頭般的公車，你又做何感想呢？是鬱悶？是壓抑？是無奈？是痛苦？其實，你大可不必有這些負面情緒。公車很擠又怎麼樣？最起碼我們不會遲到，還可以看一下沿途的風景。因此，拋掉煩惱，帶著你的微笑接受這樣的公車吧！

一大早到辦公室，我就聽到了同事Nina的抱怨：「哎呀，坐公車真是煩人啊！每天人都那麼多，擠來擠去的，我都快被擠扁了。什麼時候才能擺脫擠公車的生活啊！」

Nina是典型的公車一族，她每天都要擠公車上下班，剛好那段時間又是乘客流量最多的時候，因此，Nina對公車實在很痛恨。有幾次，因為公車人太多，Nina還差點擠不上去，不過所幸的是她終究沒有遲到。

在辦公室裡，我們經常能夠聽到Nina關於公車的話題。比如：今天公車上好多國小生哦，不知道這些國小生要去幹嘛，大概是學校舉辦的活動，一個個看起來都好可愛，個個天真浪漫的；今天的公車人實在太多了，第一輛人太多了，我放棄了，等的是第二輛，幸虧我早起，不然我可能就遲到了；今天真是的，公車裡總算人少了一些，但是，還是有個乘客不小心踩了我一腳，真是倒楣啊；今天心情好好哦，公車上有個年輕媽媽抱著一個小寶寶，可愛極了，我和她玩了一路，太開心了……

每當聽到Nina說到公車的故事時，我們都聽得津津有味，感覺一個小小的公車原來承載了這麼多人的喜怒哀樂！對於Nina這樣天天擠公車的人，雖然覺得擠公車很厭煩，但也正是因為有了公車，Nina上班才不會遲到，Nina才會遇到各式各樣的人，發覺到各種的故事。

其實，擠公車又有什麼呢？雖然公車的擁擠或許會影響好心情，但是，我們卻看到了更好的天空，欣賞到了不一樣的風景，這難道不是我們應該微笑生活的理由嗎？

世界上沒有任何完美的事情，我們的生活也有各種的無奈。比如擠公車，或許你並不想擠，但是，為了生活和工作，你不得不每天乘坐。你雖然厭煩這樣的生活，可是，你卻無力擺脫。既然無力擺脫，我們為何不換個角度來看待呢？

公車很擠，那有怎樣呢？至少你沒有遲到！

公車很擠，至少你還能乘坐上去！

公車很擠，但是你卻可以欣賞沿途的風景！

因此，無論公車多麼擁擠，都不能構成我們生氣、惱怒的理由。其實，讓自己微笑的理由很簡單，只要願意，並且樂於去選擇，那麼微笑隨時都會在你臉上！

艱辛的過程，只為那想要的結果

生活中，我們會有很多目標存在，但是，想要達到目標，我們就必須要有付出的過程。有的時候，付出很簡單，不費吹灰之力就能達到目的；有時候，我們卻必須歷經各種磨難和痛苦才能達到目標。艱辛的過程是每個人都不想要的，因為艱辛，我們可能會變得不快樂。但是，人生就是這樣！

每個事物的發展都是有一個過程的，無論最後結果如何，過程的艱難都在所難免。我們要得到，首先就要先付出，天下沒有免費的午餐，更加沒有不付出的回報。

如果你想要得到一個整潔的房間，那麼，你就必須要付出勞動來整理收納；

如果你想要看日出，那麼，你就必須要早起等待，甚至要爬到山頂；

如果你想要擁有甜蜜的愛情，那麼，你就必須要先付出了愛，才能得到他人的愛；

如果你想要升職加薪，那麼，你就必須要努力工作創造出業績……

沒有與生俱來的得到，想要幸福和微笑，我們也必須懂得去付出，小小的一個行動勝過任何的說詞。當我們正在經歷磨難的時候，不妨幻想一下未來的結果。就好比坐在公車上，雖然很擁擠，可是，卻還不至於讓你失去那片更好的天空，所以，經常保持微笑吧！即使再累也不要將微笑丟棄。

不妨——換個角度

人生是蜿蜒曲折的，社會是複雜多變的。

很多呈現在我們面前的事情，即使就算已經看得透徹，可是，卻也未必能夠看到全面。

每個事情都是多面性的，我們往往看到的只是其中的一面或者幾面，而且當我們處於不同環境的時候，對待同一事物也會有不同的看法。比如乘坐公車，如果當時心情很好，可能就會一邊欣賞窗邊的風景，一邊享受燦爛的陽光；可是，如果心情很糟糕，面對擁擠的人群，恐怕沒有人不會覺得煩躁和憤怒！

橫看成嶺側成峰，遠近高低各不同。山本來是固定不變的，當人們站的位置不同、看的角度不同，眼前就會呈現不同的景色。看山尚且如此，更何況是更複雜的事情呢？因此，在遇到事情時，不妨學會換個角度來看，學會多角度看事情！

多角度看事情，不僅會讓你變得更快樂，也是人生的一種態度。能夠多角度看問題的人，總是比較開朗、比較寬容，當他們遇到困難和痛苦時，也可以很快就走出死胡同。一些不懂得多角度看問題的人，則比較容易鑽牛角尖，常常因為一點小事情而弄得自己不開心。

微笑的人那麼多，你為什麼要愁眉苦臉呢？面對問題，不要過於計較得失，不要有太多的顧慮。有時候，你只是在低頭看路，為何不揚起笑臉，看看蔚藍的天空？天空是那麼純淨，既然大自然都賦予了我們美好的景色，我們還有什麼理由不去善待自己、微笑生活呢?!

不要為了一點小事就怨天尤人，換個角度看一看，其實更好的天空就在你的頭頂，只要改變個視野，你就會多一個微笑的理由！當你學會換個角度看事情時，你的微笑也就不會輕易遠離你了，你的世界也就會多一點笑容，少一點愁容！

失之東隅，收之桑榆

這簡簡單單的八個字，正是說明了人生的得失問題。人生在世，總會得到，也總會失去。當你得到的時候，必然是興高采烈、歡呼雀躍，當然，每個人都喜歡得到，尤其是得到了自己夢想中的東西。

失去也是在所難免的，面對失去，你可能會痛苦、會沮喪。但是，失去也是人生的歷練之一，自己是無法掌控的。

得到固然是好的，但是，失去也未必是壞事！甚至有時候，失去反而比得到更好！人的一生就好比是在負重行走，每個人都有自己需要負擔的重量，要想維持這個負重，我們在得到的時候就會失去一些，當然，失去了也必然會得到，因為上天是公平的。

如果總是得到而從來沒有失去，那麼，負擔會越來越重，最後可能會導致你不負重荷，甚至壓垮你！對於那些失去的，我們其實大可不必在意，因為既然失去了，那麼就代表它們原本就不屬於你，你也沒有必要去苦苦挽留。既然已經失去了，我們也就沒有理由去計較，更加沒有理由讓自己不微笑。

得與失不過是人生的一種狀態而已，有的時候，得到什麼與失去什麼其實並不重要，重要的是你如何去看待！不懂得失去的人，也不會珍惜得到！
不管失去什麼，失去多少，我們不能失去微笑！
錯過了日出，你還可以看日落；錯過了夏雨，你還可以欣賞冬雪……
我們不妨用微笑來面對得與失，來面對人生帶給你的一切磨礪和坎坷。
苦痛過去，你將會迎來新的人生和歡樂！

失去也微笑

每一個你想要的結果，都必然會有一個艱苦的過程，沒有苦哪裡有甜？先甜後苦是人生之道！更是人生大智慧！

同樣的風景，不同的心情！換個角度看人生，人生處處皆精彩！

得與失不過是一種感受，得到又如何？失去又如何？只要認真生活，生活總會帶來驚喜！

5

住屋雖小，卻依舊活得精彩

房子是我們的棲息地，當我們累了、倦了，總是能夠在房子中找到溫暖和舒適。但是，也有人為了自己的住屋坪數太小而煩惱著。其實，房子的大小又有什麼呢？只要那裡充滿幸福和溫馨，我們照樣可以活得精彩！

最近，小溪的部落格成了大家討論的焦點，原來，她將自己的新家照片張貼在上面，大家看了之後給予很高的評價。起初我並沒有太關注，因為我知道，小溪最近是買了一間公寓住宅，不過，那個公寓總共才不過二十幾坪左右，即使裝飾得再好，也不過是間小坪數的住屋，能夠寬敞舒適到哪裡呢？

雖然我不特別在意，可是，卻總有人對我提起小溪的住屋。所以，我的好奇心也被勾了起來，不由自主上網看了看。結果真的讓我很意外，從照片中看，壓根兒看不出房子很小的樣子，整個住屋裝飾得溫馨又舒適，各個功能區劃分合理又恰當——臥室、客廳、餐廳、書房，甚至還規劃一個小小的衣帽間。天呀，我實在是佩服小溪，竟然能將一間小小的房子裝飾得如此特別，難怪大家都給予很高的評價！

後來，我受到小溪的邀請，到她家做客。一進去，我立刻就被這個小坪數的房子吸引了，淺藍色的牆壁、白色的壁櫥、彩色條紋沙發、玻璃餐桌，還有獨特的吊燈，整個房子雖小，卻有著濃郁的溫馨味道。住在這樣的房子裡，恐怕也是一種極大的享受吧！

看來，住屋雖小，卻可以很特別！

我對小溪說：「妳還真是會生活，小小的房子竟然讓妳裝飾得如此美輪美奐。」

小溪聽後，反問我說：「難道房子小，我就要消極對待嗎？」

小溪的這個反問，竟然讓我一時語塞，不知該如何回答！

小溪繼續說：「其實，剛開始買這間公寓住宅時，我也覺得很小，因為價格的問題，我只能暫時選擇小坪數的房屋。不過，房子到手後，我就轉變了觀念，房子的大小我們是改變不了的，關鍵在於我們如何對待它。我當時就想，雖然房子很小，可是，我也要將生活過得精彩，絕不能因為房子小，就讓生活黯淡起來。我的信念就是，雖然身在小坪數的房子，但依舊要活得精彩！」

沒有想到，二十幾歲的小溪竟然有著這麼豁達的生活態度！看著她滿臉的燦爛笑容，我也不禁微笑起來。

有時候，我們得到的未必是自己想要的，就像房子一樣。誰都想要住大房子，可是，現實卻偏偏給了我們一間小房子。面對如此的小住宅，有的人很知足，能夠將生活過得很精彩，生活中充滿了微笑，譬如小溪。可是，有的人卻十分沮喪，覺得生活無比艱難，每天愁眉不展。

其實，這又有什麼呢？幸福難道需要一間房子來決定嗎？幸福是沒有標準的，即使我們身在小房子，也依舊要保持微笑，也要讓生活過得精彩。

有些人認為自己的生活中沒有微笑，其實，並不是生活中沒有微笑，而是你的微笑迷失了。住在小房子又怎樣，至少你還有一個遮風避雨的地方，至少你還沒有到流落街頭的地步。

小蝸居，大生活

我們生活在這個世界，總是有很多的元素，精神、物質……房子不過是其中之一。雖然有些人認為房子可以帶來幸福，可是，有了房子也並不等於就有了幸福。

小房子，大生活，這才是我們應當有的生活精神。

住家坪數小又怎樣，難道它會妨礙我們生活嗎？

房子簡陋又怎樣，只要我們不丟失微笑，生活不是照樣可以燦爛嗎？

房屋坪數小有什麼，如果大家都可以像小溪一樣，同樣活得出彩。

小房子中依舊可以展現出大生活。

人生中有很多追求是我們可望而不可及的，比如房子，人人都想住豪宅，可是，世界上又有多少人能夠住這樣的房子呢？甚至很多人連一間小小的公寓住宅都買不起。那麼，難道就因為買不起房子，我們就要放棄微笑，放棄幸福嗎？

當然不是，生活賜予我們的不僅僅是房子，更多的是經歷和成長。只要我們認真對待生活，生活自然不會虧待我們。

房子雖小，可是我們卻可以讓房子「麻雀雖小五臟俱全」；房子雖小，可是卻依舊可以保持溫馨舒適，當我們拖著疲憊的身心回家時，那裡就是最好的棲息地。

小房子，大生活。生活沒有小事，房子再小，我們也要依舊好好生活，微笑面對一切！

你的不幸，源於你的生活態度

很多人都有這樣的感慨：「我怎麼這麼不幸運，我怎麼這麼倒楣！」但凡有這樣的抱怨，那麼，或許你真的遇到了不幸的事情，也或許你真的很倒楣。

不過，你有沒有反思一下不幸或者霉運是從哪裡來的呢？

我有一位女性朋友，總是特別喜歡抱怨，她抱怨的事情無所不包，比如自己長得不漂亮、老公沒有能力、孩子不聽話、公婆不理解、房子小、工作累……總之，生活中沒有一樣是她滿意的。

對於她這樣的人，我們能夠說什麼呢？起初，我們都覺得她的生活或許真的很糟糕，後來，我們才發現，生活並沒有她所講得如此悲慘，她的不幸不過是來自她的生活態度而已，不過是心理在作祟而已。如此的心態，又如何能夠將微笑留在生活中呢？

人們總說：態度決定一切。對生活來說，同樣如此。就拿小溪的小房子來說，如果是換成我的那位女性朋友，恐怕她又會是一番抱怨，而小溪卻能在小空間中活出大精彩來，這就是生活態度不同所造成的結果。

一個人對生活的態度決定了他所生活的環境，積極的生活態度會得到微笑的人生，消極的生活態度則會得到不幸的人生。

如果想要得到一個陽光燦爛的生活，那麼，必須要積極面對生活，放開自己的心胸，學會轉換生活的態度。當我們不滿意的時候，給自己一個微笑，讓自己快樂起來，如此一來，你的痛苦、你的不幸也會隨之減少，你的生活也會變得更加精彩！

活得精彩自有人欣賞

小溪的小房子得到了大家的一致好評，一來是因為她的裝飾確實出乎意料，二來也是因為小溪的生活態度令人敬佩。看著小溪精彩的生活，我忽然想起一句話，那就是「活得精彩自有人欣賞」。

生活中，更多的時候我們需要他人的共鳴。但是，為什麼有的人能夠輕易得到他人欣賞，有的人則很不受歡迎呢？其實，這都源於我們自己，因為只有我們自己活得精彩了，才會有人欣賞！

當我們同樣是第一次接觸兩個人，假如其中一個面帶微笑，其中一個愁眉苦臉，你會接近誰呢？毋庸置疑，恐怕我們會傾向於面帶微笑的人。這也就是說，我們的魅力來自於自身，只有你身上散發出了吸引人的味道，他人才會不自覺靠近你、欣賞你！

不要再抱怨自己的生活不夠精彩，也不要抱怨沒有人欣賞你，這一切的根源只在於我們自己！生活不夠精彩，我們完全可以自己創造，哪怕生活很苦，哪怕生活中充滿陰天，只要你想要精彩，精彩就會隨時出現在你的生活！

假若，沒有人欣賞，我們不妨先試著自己欣賞自己，改變不可能改變的，讓自己自信起來、美麗起來，自然會得到他人欣賞！

不幸也微笑

生活的幸福不完全來自物質，只要我們認真對待生活，生活自然也不會虧待我們！

你的態度決定你的生活，既然選擇了要微笑面對，那麼，就要積極起來，讓生活中到處都充滿快樂和愉悅！

要想獲得精彩並不難，只要打開心扉，讓雲霧飄散，自然就會迎來燦爛陽光！

6

要求遭人拒絕，卻讓我學會對他人說「不」

你有遭人拒絕的經歷嗎？他人對你提出要求，你懂得說「不」嗎？生活中，我們往往很難對他人說「不」，可是，要求遭到他人拒絕的經歷卻經常遇見。當你的要求遭拒，你難道不應該從中學到點什麼嗎？每個人都有說「不」的權利，你的要求他人未必能滿足你，而當你不能滿足他人時，也要勇敢說出「不」！

Tom是一個典型的好好先生，也是一個熱心腸的人，十分樂於助人。時間久了，前來找他幫忙的朋友特別多，而Tom一方面出於好心，一方面礙於面子，很少拒絕他人。雖然Tom樂於助人，可是，長時間下去，也影響到了Tom的生活。

一次，Tom遇到了急事，需要一個朋友的幫助。Tom覺得自己平時幫助過這個朋友多次，朋友也不會拒絕自己，可是，當自己開口求助時，朋友竟然沒有過多的猶豫就拒絕了，理由是自己沒有那個能力幫助他。被拒絕後，Tom十分苦惱，他不明白自己幫助了他人，他人為何會拒絕自己的要求。

後來，Tom對我說起了這件事情。我聽了以後，不禁微笑問道：「你是不是很少拒絕他人的要求啊？」

Tom點點頭：「是。」

我繼續說：「那就對了，因為你不願意對他人說『不』，因此聽到他人對你說『不』的時候，你在感情上就接受不了。其實，朋友對你說『不』也是很正常的，他或許真的沒有能力幫助你，即使答應了你或許也做不好。而你之所以接受不了，是因為你還沒有學會對他人說『不』。其實，樂於助人是好的，但是，也應當有個限度，最起碼不應該影響自己的生活，也不能超越自己的範圍。難道你就沒有答應了朋友卻沒有辦到的事情嗎？與其這樣，還不如一開始就拒絕。」

Tom聽了我的話，有點迷茫了，他說：「可是，我拒絕了朋友，多不好意思啊！」

「那有什麼不好意思的！」我說，「拒絕本身是一件很正常的事情，你不能做或者不想做，都可以拒絕，這是你的權利！」

Tom聽了後，沒有說話，不過，此後他還真的學會拒絕他人了。

後來，Tom對我說：「第一次對他人說『不』，心裡還十分忐忑，可是，看到他人很自然接受後，我才明白，其實拒絕也不難，人們對他人的拒絕似乎也沒有到不能接受的程度。」

是的，生活中被他人拒絕的事情是很多的，我們可以對他人提出要求，但是，他人卻未必要答應我們。同樣的，對於他人提出的要求，我們也沒有必要有求必應。

學會對他人說「不」，這是我們的權利，同時也是我們必須學會的能力！

很多人不懂得說「不」，因此，生活往往被他人的要求所困擾著，也正是如此，生活中才多了煩惱，少了微笑。

我們需要成長，生活中也需要微笑，所以，我們要學會說「不」，多給自己一點微笑的理由。同時，我們也要學會釋懷，即使要求遭人拒絕，我們也不要失落，反而應該給自己一個微笑，慶幸自己又得到了成長！

放棄面子，大膽說「不」

有些人對他人說「不」時，彷彿輕易就可以說出口，這是因為他們懂得自己辦不到或者不想辦的事情，何必為難自己呢？有些人則不同，即使他心裡極為不情願，或者能力有限，當他人提出要求的時候，也會硬著頭皮答應下來，結果卻常常自尋煩惱，因為他人而失去原本屬於自己的快樂。

為什麼有些人就可以輕易拒絕他人，有些人則難以啟齒呢？其實，就是一個面子問題。

我們常常說：打腫臉充胖子。那些不願意輕易對他人說「不」的人，其實就是這樣一種心態。他們總覺得拒絕別人不好意思，會讓他人沒有面子，但是，這些人卻沒有想到那些所謂的面子會給自己帶來的麻煩。

那些不會說「不」的人，總是會給自己招來一些不必要的瑣事，而這些瑣事的存在又讓自己失去了很多屬於自己的休閒時間，因此，這些人的微笑會相對少一點，生活也會相對不快樂。當你不會拒絕他人的不合理要求時，其實就是在苛刻自己。甚至有的時候你要犧牲陪伴家人的時間、工作的時間。你為什麼要這樣做呢？其實，你完全可以拒絕的。更何況，你對他人的要求也並不一定能夠全部得到回應，我們為什麼就要一一滿足他人的要求呢？就像 Tom 一樣，他不知道如何拒絕他人，因此，他的生活很煩惱，他的臉上也很少出現輕鬆的微笑，而他自己卻屢次遭到他人的拒絕。因此，我們學會說「不」是必要且重要的。

或許拒絕他人會讓對方覺得你不近人情，但是，做人都有自己的底線。如果是真正的朋友，他就能夠理解你的拒絕，因為他會為你考慮，會站在你的角度理解你。如果因為拒絕，此人從此不再理你，那麼，你也應該感到慶幸，因為你的一次拒絕讓你看清了一個人，這樣的人也是不值得交往的。

做人需要底線，說「不」需要勇氣。一旦你的幫助跨越了底線，別人就會將你的幫助當作理所當然，而你又有什麼義務去無償幫助他人呢？何況，人的感情是相互的，當付出得不到回報，你的內心自然會產生嚴重的失落感，甚至對生活產生消極影響。這樣的生活又如何讓你微笑起來？

試著放下面子，學著去說「不」吧！學會拒絕不會讓你的生活失去微笑，反而會得到更多快樂！拒絕他人，也並不是我們冷酷無情，而是我們對生活認真的一面。

只有懂得拒絕他人，才會真正懂得如何去幫助他人！

「直接傷人」——不妨也學學拒絕的技巧

雖然很多人都被人直接拒絕過，但是，當他們面對拒絕他人的情況時，卻依舊沒有勇氣直接說出來。或許是他們覺得面子上過不去，也或許是因為他們經歷過被人拒絕的滋味，不願意直接傷害別人。確實，直接被人拒絕的滋味不好受，但是，如果我們不去拒絕他人，我們的煩惱則會增加。那麼，我們為什麼不學學拒絕的技巧呢？

學著說「不」，也並不是說讓你直截了當地拒絕他人，我們完全可以掌握一些拒絕的技巧，不傷害到對方。這樣既可以保留了自己的微笑，也不至於讓對方過於難堪，何樂而不為呢？

其實，在人際交往中，學會拒絕也是為人處世中一門重要的學問。那麼，我們如何做到既不傷害別人，也能夠讓人坦然接受呢？

當他人對你提出一些不合理要求，你想要拒絕的話，不妨先不要將「不」字說出口，而是將自己的一些客觀情況講給對方聽，讓對方理解你的難處和苦衷，同時也要說明你沒有能力滿足對方的要求。如果對方是一個通情達理的人，他就能明白這是你在委婉拒絕他，自然不會強人所難。如果對方依舊強迫你，此刻就不必再解釋什麼，直接開口則是最好的辦法。

如果此時對方比較執著，你不妨採取迂迴戰術，避而不答、轉移話題等等都是很好的方法。總之，當對方給你說話的時候，你既不表示贊同，也不直接拒絕，同時還表現出熱情的樣子，讓對方無法再繼續要求你。這個方法雖然讓對方可能心裡有點不痛快，可是，這也是一個顧全雙方面子的最佳辦法。這就是所謂「揣著明白裝糊塗」的道理，兩個人都知道對方的目的，只是沒有點破而已。總之，拒絕人的方式很多，只要你想要拒絕他人，你總會有辦法實現的。

喜劇大師卓別林說過：「學會說『不』吧！你的生活將會美好得多。」是的，我們都應該學會說「不」，當你會對他人說「不」，你就會得到更多快樂，你的微笑也不會因此而消失！

說「不」也微笑

要求遭到他人拒絕，不要氣餒，這是他人的權利，保持微笑，因為這是成長的必修課之一！

每個人都應當學會說「不」，學會拒絕他人，試著給自己一個微笑的理由，讓生活更輕鬆一點！

拒絕他人很難，其實也很簡單，如果掌握一定的技巧，會讓你事半功倍！

7

錯過了升職，卻讓我懂得把握下一次的珍貴

做為一名職場人，最讓人欣慰的事情是什麼？當然是升職了！升職不僅意味著你的職場地位提高了，還意味著大家對你能力的肯定。能夠升職固然是好的，但是，如果錯過了升職，我們又該怎麼辦呢？其實，錯過升職沒什麼大不了，把握下一次就可以！機會總是有的，關鍵是看我們如何去把握！

最近，公司在做大調整，人事部副理調走了，需要重新選人。Judy 和 Grace 是最有競爭力的兩個人。最後，Judy 落選，Grace 順利當上人事部副理。

為此，Judy 心裡十分難過，她覺得自己無論能力還是其他方面都不比 Grace 差，可是她就是不明白自己為什麼會失敗。苦惱的 Judy 無處訴說，於是，她就找到了我。

Judy 落選的事情，我自然是早就知道，不過，我認為這並沒有什麼大不了，人生的失敗很多，

尤其是對年輕人，我們自然沒有為了一次失敗就抑鬱，也沒有為了錯過一次升職而放棄前進，錯過了就錯過了，只要我們懂得把握下一次的機會，生活依舊會充滿微笑的！不僅如此，當我們再次遇到機會的時候，我們必然會加倍努力，因為有了錯過，所以我們才會更加珍惜那得之不易的機會！

面對失落的 Judy，我只能好言相勸，不僅如此，我還將自己的經歷講給了她聽。其實，錯過升職的事情對我來說也是不陌生，在我工作第五年的時候，公司有一個很好的升職機會，本來我升職的機率是很大的。但是，因為另一個和我競爭的人在背後搞了小動作，我錯過了那次機會。那件事情讓我十分氣憤，於是，我除了更加努力工作外，並且開始準備跳槽。後來，我跳槽成功，獲得了更好的職位和薪水，職業發展前景也比原來公司好很多。

其實，錯過了一次機會也並不是一件壞事，根本沒有必要去懊悔，我們只要把握住下次機會就可以了。不僅如此，下一次的機會或許還會比上一次更好。

而且，錯過了就是錯過了，即使再傷心又有什麼用呢？因為錯過升職，而遺落了美好的微笑，我們豈不是失去的更多。那麼，就帶著微笑努力奮鬥，等待下一次機會的到來吧！

Judy 在我的勸說下，也逐漸走出了這個陰影，並且開始更加努力地工作起來。我相信，那些經歷過挫折的人，才會懂得再次得到的珍貴，也才會始終保持微笑，甚至不需要理由，他們就能擁有燦爛的笑容！

錯過後的醒悟

有些時候，我們只有錯過了才知道機會的重要性，如果沒有錯過的經歷，恐怕就永遠不會珍惜得之不易的機會。

錯過了大可不必失落，反而是多了一個微笑的理由，那就是它會是你懂得珍惜的最佳時機！在漫長人生中，可能錯過的機會千千萬萬，有的人錯過後，總是懊悔，總是怨天尤人，但是，這又有什麼用呢？難道後悔可以幫他將機會重新找來嗎？

當然不能，錯過了機會那就是錯過了，即使再去挽回也是無濟於事，要想彌補，唯一的辦法就是把握下一次機會。當我們看到他人把握住機會的時候，我們總會覺得他人是幸運的，可是，我們只看到了他成功的時刻，我們又怎麼知道他不曾錯過機會？或許正是因為他曾經錯過，才明白機會的珍貴，才明白這得之不易的下一次。

當你錯過了，總有人勸慰你說：「沒關係，還有下一次嘛！」是的，人生的機會不是只有一次，我們還有下一次，錯過了這次，我們等待下一次不就可以了。既然人生就是如此，我們又怎麼有理由不用微笑去面對呢？成長是什麼，就是從一次次的人生坎坷中汲取教訓和經驗，既然我們已經錯過了這一次機會，那麼，我們就應該從中學習到一些東西，而不能讓機會白白流失。錯過這次機會，我們就應當懂得下次機會的重要性，我們就要懂得更好地去把握下一次。

很多人雖然明白機會的重要性，可是在現實生活裡卻錯過了一次次的機會，進而每天愁眉苦臉，反而找不到微笑的理由。我的一位大學同學就是這樣。

在剛畢業的時候，他有一次進入政府工作的機會，年輕的他認為政府工作無聊枯燥，還要面對各種複雜的局面，心裡不太願意接受。但是，這個工作的優點是穩定且有發展空間。於是，他十分猶豫，但是，機會是不會等你猶豫的，當他決定去的時候，機會已經悄悄溜走了。接著，他找了一份自己還算滿意的工作，開始了職場生涯。工作幾年後，公司有一個派遣國外的職務，想要讓他去，但是，他聽到一去就是三年，又猶豫了。公司看到他如此不爽快，於是，就將任務派給了其他人。三年後，那個外派的人回來，又是升職又是加薪，我這位同學後悔不已。就這樣，他錯過了一次又一次的機會，直到最後，他才醒悟，原來機會是不等人的，雖然有下一次的機會，但是如果不會把握機會還是會溜走的。

同學的遭遇其實也是很多人的經歷，有的時候，我們的年齡在增長，可是，心靈卻沒有成長，看著眼前的機會我們總是把握不到，不是我們不想把握，而是我們沒有從失去中得到教訓。因此，不要在錯過了之後懊悔，而是要用開懷的心態面對錯過，從中得出經驗，把握下一次機會！

機會來了，你準備好了嗎？

每當我們看到他人成功時，都會十分羨慕——

有些人認為他們的成功是幸運；

有些人認為他們的成功是有機遇；

有些人則認為他們的成功靠努力。

那麼，到底他們的成功是為什麼呢？當然是努力和勤奮了。為什麼當同樣的機會擺在大家面前，有的人能夠把握住，有的人卻把握不住呢？其實道理很簡單：機會是留給有準備的人的！

世界上的成功沒有純粹的偶然，只有必然中的偶然。

當我們看到某個人抓住機會的時候，我們並不知道他在背後付出了多少努力！因此，我們不必再看到他人成功的時候而感慨，而是要保持微笑，坦然面對，用積極的人生態度來等待自己的那個機會降臨！

不要哀嘆自己把握不住機會，那是因為你沒有準備好。機會來了，你卻中途卻步！不要再做出這樣的哀嘆和抱怨了，也不要問自己為什麼會懷才不遇，因為他人不賞識你，不是他人的問題，而是你的問題。

機會來了，你準備好了嗎？

你是不是又感到措手不及了呢？

你是不是覺得突然了？

看來，你又沒有準備好！不要再去感嘆機會偷偷溜走，其實不是機會溜走了，而是你總是沒有做好迎接它的準備罷了。每當機會溜走的時候，你會抱怨，你會懊喪，但是，當機會再次來臨的時候，你卻亂了手腳、失了方寸，根本不知道該如何去把握。可能還會後悔，後悔平時沒有做足準備，後悔那些蹉跎了的時光。既然知道了後悔，我們該如何呢？那就是改變人生的態度，用微笑給自己力量，讓自己在微笑中獲得重生！

如果想要真正的把握住下一次機會，我們就不應該從機會來臨時才開始準備，而是從現在就開始準備並且經常準備著。

假如你少看一集電視連續劇；

假如你少逛一次街；

假如你少玩一個小時遊戲；

假如你不參與他人的八卦聊天……

總之，少做一點無意義的事情，多給自己充充電，或許當機會來臨的時候，你就可以穩穩抓住，不會再出現錯過的遺憾了！

你會發現——一百個人就有一百種生活，或許你也會感覺人生的不公平，但是，你是否想過，其實人生最公平，選擇怎樣的生活完全掌握在你自己手中。因為只有你付出了行動，你才會得到回報，只有你做了，你才有成功的可能！

選擇了微笑，你就有了微笑的人生；

選擇了勤奮，你就會有成功的人生。

因此，不要去羨慕任何人，如果你想抓住機會，你就要經常準備著！

人生的機會是均等，錯過了這次，沒關係，用微笑給自己打氣，從容面對下一次！

錯過也微笑

機會總是在不經意間降臨，一旦錯過，不必懊悔，要汲取教訓，等待下一次機會的來臨！

人生的錯過很多，也只有錯過了，才知道珍惜！用微笑迎接錯過，在微笑中懂得珍惜！

努力完善自己，不要再讓機會從你面前溜走！

8

被人誤會，才可知道理解的重要性

你被人誤會過嗎？生活中，被人誤會時有發生。當你被誤會的時候，心中會有什麼感受呢？委屈、難過、傷心、憤怒、憂愁等等。被人誤解雖然是一件讓人不舒服的事情，可是，也只有被人誤會之後你才能學會去理解他人。因此，被人誤解沒關係，試著敞開心胸，用微笑去理解他人，這才是我們的進步！

被人誤會的滋味不好受，曾經我就有過一次被人誤會的經歷，而從那次經歷中，也讓我學會了如何去理解他人。

有一次，我和幾位同事在茶水間閒聊，當時，正熱播一部電視劇，我們討論得還算激烈。電視劇的劇情到現在我差不多忘記了，只記得男主角很壞，最後終於被女主角甩了，鬧得眾叛親離。我最討厭這種人，於是，我很激動地發表了自己的見解：「他活該被人甩啊，就他那樣的，誰會要啊！」

就在這時，另一個同事 Anna 走了進來，只見她滿臉憤怒，狠狠瞪了我一眼，倒了一杯咖啡離開了。當時我很不理解，她為什麼會那樣對我呢？但是，因為我們聊得正火熱，對此也沒有太在意。

後來，Anna 一直對我很冷淡，甚至有的時候還會故意給我難堪。我對此著實很迷惑，我們之間的關係一直很和睦，合作過幾次也都挺有默契，她怎麼會突然對我如此了呢？當時的我，心中也十分憤慨，覺得她是無理取鬧，也開始不理她了。

轉眼，到了年底，公司照例要開年會，在分配任務的時候，我們兩個竟然被安排在一組做搭檔，我心中自然有點不開心，當然，她也不大樂意。可是，工作畢竟是工作，我們只能接受。

工作即將展開了，我們心中卻都有一些疙瘩沒有解開，所以，合作起來頗感困難。我心中很苦惱，那段時間朋友都說我的臉上沒有一點微笑。照這樣下去，不僅我們的工作會受到影響，恐怕連我的生活都會受到干擾！

我將心中的煩惱告訴了朋友，朋友勸我說：「你為什麼不直接問她呢？一般來說，人們不會無緣無故地討厭一個人，說不定你們之間有什麼誤會呢！不要因為這點誤會，讓同事關係惡劣，最終讓生活無趣！」

我豁然開朗，是啊，我為什麼不直接問她呢！因為怕當面尷尬，所以我選擇了用 MSN 和她溝通。

經過一番溝通，結果卻讓我很吃驚。原來，誤會就發生在那次的茶水間。當時，她剛剛被男朋友甩掉，心情極差，而她則剛好聽見我說的那句話，以為我在說她。啊，原來如此，我一句不經意的話，竟然造成了我們之間深深的誤會。

誤會解除了，我們之間冰釋前嫌，恢復到了以往的狀態，工作也變得更加順利了。此外，我也不再苦悶，保留住了那些原本就屬於我的微笑！

很多時候，誤會的發生總是在不經意間，或許你根本就沒有察覺，可是，誤會已經悄然出現。雖然被人誤會是痛苦的，但是，我們最主要的還是要想辦法消除誤會，讓微笑重新回到生活當中。一次誤會不要緊，關鍵是誤會帶給我們什麼影響呢？從那次經歷中，我明白了理解的重要性，同時也學會去包容和理解他人。能夠理解他人的人是快樂的，因為有了包容心，所以他的臉上想必從來不會缺少微笑的！

有誤會？試著消滅它

被人誤會，是生活中經常遇到的事情，也可以說，讓人誤會在所難免。但是，這並不是主要的，關鍵就在於我們如何去消滅誤會。和他人之間的誤會，就彷彿是一個大裂縫，如果我們不及時修補它，裂縫將越來越大，或許到最後，你們之間還有可能形成鴻溝，再也無法修補。誤會的存在，不僅讓你心中有著裂縫，也會給你生活帶來一點的煩惱，讓原本快樂的微笑生活蒙上一層陰影。因此，有了誤會，最好的辦法就是消滅它，一旦誤會解除了，你們之間就可以重新握手言和，你的生活也就會多點微笑！

一個人對你產生了誤會，通常並不是刻意的，但是，一旦誤會產生，他對你的成見便存在了，因此，他對你的猜疑也會越來越多，無論你做什麼，他可能都會聯想或許是在針對他。就好比我和Anna之間的誤會一樣，Anna對我說：「我以為你在說我，所以，從此以後對你頗有意見。其實，我以前蠻欣賞你的，可是，當誤會產生後，你的一言一行在我眼裡都變得特別虛偽。尤其是當你說到一些敏感話題時，我總會覺得你是在影射我。所以，也越來越討厭你了！」

當時，我聽了Anna的話後，覺得腦門直冒冷汗，誤會實在是太可怕了！一個小小的誤會，竟然讓我成為了他人眼中虛偽的人，改變了一個人對我的評價，更重要的是我還差點失去了一個友好的同事。看來，誤會真是要不得，相互的理解真是太重要了。雖然，那次的誤會讓我痛苦過，不過，我現在應該微笑起來。不僅是因為誤會解除了，也是因為我從中學會了理解的重要性，從此以後，我不僅懂得了讓他人理解我，自己也開始更理解他人。

生活中多了一份理解，你理解他，他理解你，人生變得更加和順了，這難道不是我們微笑的理由嗎？微笑的理由就是這麼簡單，一個小舉動便可以成就大微笑！

如果你被他人誤會了，那麼，請試著和對方溝通，或者從側面打聽一下此人為何誤會你，一旦找到了事情的根源，你們之間的誤會就會不攻自破。

如果你誤會了他人，不妨先冷靜思考一下，看一下對方是否真的是你所想像的那樣。假如你確實誤會了對方，不妨主動找到對方，或者向對方道歉，否則你失去的不僅是一個好朋友，還有可能是一輩子的遺憾。

誤會，本來就是一個錯誤、一個過失，只要我們用心去彌補，這個錯誤、這個過失就會從你的天空飄走。因此，不要傷心、不要氣惱，給自己一個微笑，將誤會統統趕走吧！

理解他人，亦是善待自己

不經歷風雨如何見彩虹，沒有被人誤會的經歷，恐怕我們也難以明白理解的重要性！而能夠做到理解他人，其實也是我們在善待自己。善於理解他人的人，也是微笑比較多的人。

因為理解，所以微笑！

理解的基礎建立在經歷上，只有你真正經歷了，才能完全明白其中的真諦。就彷彿誤會一樣，你知道被人誤會的滋味不好受，可是，你並沒有被人誤會過，你怎麼能真正體會呢？

理解萬歲。這個語詞雖然有一些誇張的成分，可是，卻也從中說明了理解的重要性以及做到理解他人的難度。有些時候，當朋友向我們訴苦的時候，我們都會點點頭，回答說：「理解，我非常理解你。」雖然你口頭上這麼說了，但是，你真的就理解對方了嗎？其實不然，你沒有經歷朋友的事情，你沒有感同身受，怎麼可能完全理解他呢？理解他人不是一件容易的事情，而你想要理解他人，就必須要站在對方的角度去看問題。

人和人之間之所以會產生種種的不同看法，究其原因就是站的角度不同。

富有的人，為了買一個手拿包可以花上幾十萬或上百萬，可是，做為一個小小的上班族，恐怕就不能理解這種一擲千金的豪爽；很多學生都喊學業過重，生活太累，希望趕緊畢業工作，可是，做為工作一族，恐怕也會羨慕學生時期的逍遙生活。

站在不同的角度，看問題的眼光也會不一樣，對待問題的態度也會不盡相同。因此，要想理解他人，最好的辦法就是站在他人的角度看問題。如果做到了這點，微笑自然也就會出現在你的臉上，因為你沒有了煩惱……

人們之間的相互理解是有必要的，理解他人的同時，我們也是在善待自己、理解自己。我們可以想像一下，如果人和人之間缺少了理解，世界將會變成什麼樣子呢？

你誤解他，他誤會你；你無法和他溝通，而他根本不想理你！所以，人們之間的相互理解是非常重要的。如何相互理解，我們既然無法從他人入手，就只能從自己開始。在與人交往的時候，我們最主要的就是要擺正心態，用善意的心態去理解他人，相信每個人都是美好的。

人總是有感情，只要我們真心對待他人，他人也會真心對待我們。因此，當你開始理解他人的時候，他人也會同樣理解你，你的生活也會少一點煩惱，多一點微笑！

誤解也微笑

誤會的產生總是在不經意間，如果我們任其發展，只能讓誤會越來越深，與其如此，倒不如主動化解！

試著去理解他人，試著站在他人的角度去看問題，當你理解了他人，自然也救贖了自己！

9

突遭暴雨，卻讓我明白彩虹只在風雨後

突來的暴雨，不僅給你帶來了一絲寒意，還打破了你美好的計畫！此時，你的心情會如何呢？不必說，自然是相當糟糕。可是，既然暴雨已經來臨，我們為何不接受這個事實呢？暴雨終究會過去，生活中的苦難也不會一直存在，沒有風雨如何看到美麗的彩虹呢？所以，即使是暴雨再大，也不要影響我們的心情，要微笑面對，要微笑等待那道美麗的彩虹出現！

下班時間到了，大家紛紛計畫著晚上的活動，可是，原本晴朗的天空在此時卻突然烏雲密布下

起了瓢潑大雨。

看著外面的大雨，大家紛紛抱怨。

正在熱戀的小青首先說：「哎呀，我約好和男朋友去遊樂場玩夜場的，這場雨下得真不是時候，看來計畫泡湯了，真是的，好倒楣哦！」

一位男同事接著說：「那有什麼，你們去看電影不就可以了，依舊可以有個浪漫約會啊！這場暴雨還不知道下到什麼時候呢！看來大家還是老老實實回家待著吧！以免被淋成落湯雞！」

就在大家你一言我一句討論的時候，David 突然說：「其實，突然遭遇暴雨也沒有什麼，沒有風雨怎麼會有美麗的彩虹呢？」

聽了 David 的話大家紛紛開始調侃他：「你今天怎麼文謅謅的，跟看透人生了似的！」

David 聽了聽，笑著說：「我還真的經歷了暴雨後的彩虹。一次，我和幾個朋友結伴去登山，走在半山腰的時候，突然下起了暴雨！我們幾個完全沒有想到會下這樣的暴雨，瞬間就被淋濕了，幸虧旁邊有一個小山洞，我們就躲了進去。看著這樣的暴雨，我們幾個心情糟糕透了，不僅衣服被淋濕了，如果雨不停下來，我們豈不是要被困在山裡。可是，不一會兒，雨竟然停了，太陽也出來了。我們幾個興奮極了，趕緊走出山洞。令人驚奇的是，山頭上竟然出現了彩虹。那次的經歷，剛開始雖然讓我懊惱，但是，在看到彩虹的那一刻，我的沮喪心情完全沒有了，大家臉上也都洋溢著笑容。看來，風雨後才能有彩虹，這句話真的不錯。我想人生也是如此吧！如果不經歷一些磨難，我們恐怕也難以見到漂亮的風景！」

是啊，要想看到美麗的風景，必然要先經歷一些磨礪。要想看到美麗的彩虹，必然要經歷風雨！人生不就是這樣嗎？我們只有在經歷了一些磨礪和痛苦後，才會知道其中的真諦，才會珍惜現在擁有的一切！雖然說，我們未必都會和 David 一樣，在風雨後一定會看到彩虹，但是，至少我們在突然遭遇暴雨後明白了一個人生道理。這難道不也是我們微笑起來的一個理由嗎？

是的，人生處處都是坎坷，但是，人生也處處充滿微笑，只要我們想要快樂，微笑就會經常在你的身邊！

人生路上風雨多，不妨一笑而過

人生路上，風雨總是多過陽光。

我們不知道要經歷多少風風雨雨，我們跌跌撞撞、起起伏伏，摔倒了再爬起來了，繼續迎接風雨的挑戰。面對如此之多的風風雨雨，我們又該如何？

其實，不妨一笑而過。既然風雨總是不可避免的，我們又何須去在意，何須去執著，一笑而過是最好的辦法！

當遇到風雨時，有些人會掙扎，有些人會拼搏。

在風雨中，有些人得意，有些人失意。

或許你埋怨過，因為你在黑暗中摸索了許久，卻始終沒有見到彩虹；

或許你失望過，因為你在黑夜中等待了半個世紀，可是卻還是沒有等到太陽升起；

或許你懊惱過，因為你擁有滿腔熱血，可是，卻被一盆冷水瞬間澆滅了！

風雨總是無情的，它會打擊你、諷刺你、嘲笑你，你絕望了，你以為你不會成功了。可是，你不要忘記了，風雨雖多總會過去，太陽始終會出來。其實，或許只要你再堅持一會兒，勝利的曙光就屬於你了，成功的呼喊聲已經近了，只是你還沒有聽到而已。

因此，雖然人生路上風雨多，但還是不要輕言放棄，否則一切都將付諸東流，努力也將化為一縷灰燼！

人生路上風雨多，但是，這些風雨不過是人生給我們的歷練之一，在這樣的歷練中，我們將學會堅強、學會勇敢、學會前進。

記住，風雨再大，我們也不怕，一笑而過、堅強應對，風雨終會過去！

或許風雨後沒有彩虹，但依舊要感謝風雨

你有沒有想過，即使風雨過後也不會出現彩虹呢？

要知道，世界上沒有百分百的成功，也沒有絕對的勝利。很多時候，雖然我們經歷了風雨，可是卻未必能夠見到彩虹。或許你會說：既然見不到彩虹，我何必去經歷那些風風雨雨呢？是的，在人們的思想中，結果是最重要的，我們之所以能夠忍受風雨的打擊，就是因為我們想要達到最終的好結果。可是，在我們一心追求結果的時候，你是否忽略了經歷的風雨呢？

人生的風雨是很多的，但是，我們卻很難去享受風雨的過程。在經歷風雨的時候，大多數人的心態就是忍，忍一下過去了，世界就太平了。其實，風雨才是人生賜予我們的好禮物。無論結果如何，風雨對我們來說都是一筆財富。從人生的風雨中，我們能夠得到什麼呢？

曾經的我，也是這樣。面對人生的風雨，我的心中始終不耐煩，總想著風雨趕緊過去，希望看到美麗的彩虹。可是，很多時候，風雨過去了，彩虹卻沒有出現，我傷心過，失望過，最後，我終於明白了，風雨過後不一定有彩虹。

既然風雨不可避免，我們為何不好好享受風雨，讓風雨磨礪自己，從風雨中得到經驗，從風雨中看透人生！其實，沒有彩虹又怎樣，雖然我們想要的都是彩虹，但是，擁有風雨歷程才是人

生最可貴的。

記住，即使沒有彩虹，我們依舊要感謝風雨、笑對人生！

正是因為有了風雨，我們的人生才豐富起來，我們的生活才會變得精彩萬分！

風雨是什麼？其實，風雨就是一粒粒珍珠，當我們一顆顆將其拾起，人生就會變成一串美麗的珍珠項鍊。或許人生不華麗，但是，卻也會變得光輝熠熠、從容微笑和歡樂！

風雨後也微笑

彩虹只在風雨後，如果我們想要看到美麗的彩虹，就必然要經歷多重的考驗！

人生路上風雨多，但是，只要我們心中有一種必勝的信念，風雨也將變得柔和起來！

風雨過後未必有彩虹，彩虹卻只出現在風雨後！人生的風雨是一筆寶貴的財富，我們應當珍惜它！

10

旅途受騙，卻讓我在吃虧中學會珍惜擁有

旅行，是件讓人心曠神怡的事情，不僅可以開闊眼界，還能夠愉悅身心，但是，在旅途中也有讓人煩惱的事情，那就是被人欺騙。受騙當然是不開心的事情，但是，你願意糾結於受騙影響心情，還是從吃虧中學會珍惜現在擁有的呢？受騙了，也不要氣惱，微笑面對，珍惜現在的一切！

小薇從日本旅遊回來了，只見她拿著一堆禮物一一分發給大家。看著手中的禮物，大家七嘴八舌地問她說：「怎麼樣？旅途開心嗎？」

小薇回答說：「總體來說還可以，風景挺不錯的。不過啊，旅途中也有一些掃興的事情，我還被騙了呢！本來有個完美的旅行，結果卻出現了敗筆！」

大家一聽她被騙了，立刻吃驚地說：「被騙了？怎麼回事啊？」

小薇說：「這次旅行，我是跟著旅行團一起去的，本來想要自助旅行的，但是想到跟團比較

便利，就跟了旅行團。我報名的時候，發現團費挺便宜的，比自助旅行便宜很多，當時我還想著我賺到了，可以省錢了。可是，沒有想到的是，羊毛還是出在羊身上，導遊總是讓我們購物，雖然我也挺喜歡購物的，不過被人強迫的感覺還是很不好。還有啊，旅行社本來承諾是住高級飯店的，其實住的不過是中級飯店而已，根本和原本承諾的不相符。」

大家聽了以後，都說：「現在的旅行社真是的，總是不兌現承諾，旅遊跟團大家就是圖個方便，結果還讓大家不滿意，旅行也會變得掃興哦！」

小薇說：「是哦，所以我就有種受騙的感覺。不過算了，反正都已經過去了。吃虧就吃虧吧！我只能勸自己想開點。最起碼這次旅行還是值得的，買到了很多想要的東西，而且吃的、玩的還都不錯，也算值得了。」

關於旅行中被騙的事情，恐怕很多人都能講出來一點，不僅有被旅行社欺騙的，在旅途中也會遇到各種被騙的情景。到了一個陌生的地方，什麼都不熟悉，自然很容易相信他人，也很容易上當受騙。旅途中受騙了，自然心情會不好，甚至還可能影響到整個旅行，但是，就因為我們受騙了，我們就要給整個旅行貼上失敗的標籤嗎？就要讓微笑在旅途中消失？其實不然，人生中受騙的事情何其多，豈止是在旅行途中，即使生活中也常常會有被人欺騙的事情發生。我們受騙了，難道就要否定一切？讓臉上的微笑消失？

人難免會有吃虧的時候，既然已經吃虧了，那就讓吃虧過去，不妨多看看眼前我們擁有的。因為只有吃過虧，我們才會懂得珍惜，就彷彿當你失去了才知道擁有的珍貴。因此，吃虧不要緊，只要我們能在吃虧中學會珍惜擁有，又有什麼不開心的呢？我們依舊可以燦爛微笑！

揮別過去，珍惜擁有

受騙了，吃虧了，我們心裡肯定會不甘，或許有的人對此還會念念不忘。可是，過去的已經過去了，我們再去回想受騙的過程，只會增加我們的鬱悶，所以，我們還不如揮別過去，帶上微笑，放眼未來，珍惜現在擁有的。

我們常常對他人說：珍惜你現在擁有的吧！只有失去了你才會後悔。這樣的話，恐怕大家都會說，但是，你真正做到了嗎？珍惜擁有，看似簡單平凡的幾個字，但是卻告訴了我們一個深刻的道理，那就是我們擁有的才是值得珍惜的，那些失去的不妨就讓它們失去吧！這才是我們微笑生活的真諦！

什麼是我們擁有的？我們又該如何去珍惜呢？其實，我們擁有的東西很多，只是我們習以為常了，才會不懂得珍惜。這也是人們常常犯的一個錯誤，越是身邊的東西越是容易忽略。

我們擁有什麼呢？首先，我們擁有一個健康的身體、完整的身體。不是嗎？我們能夠看到陽光色彩，我們能夠聽見美妙的樂曲，我們能夠健步如飛地奔跑，這些難道不是我們應該看到的嗎？或許你會覺得這些算什麼，這是與生俱來的。可是，卻偏偏有人沒有這些。大家都知道盲人女作家海倫．凱勒，她在《假如給我三天光明》中問道：「假如只有三天光明，妳將如何度過？」她因為看不見，所以渴望光明，而我們因為每天都能看見光明，反而不再珍惜這樣的擁有。如果你只有三天的時間可以看到光明，你會如何呢？我相信，你除了恐慌，最多的就是珍惜每一刻能夠看見的時光了吧！僅此一項，不就可以給我們千萬個微笑的理由嗎？

人性的弱點就在於此，擁有時不珍惜，失去了才寶貴。更有甚者，還將自己擁有的任意踐踏，但是，我要告訴你，任何事物的擁有都是有一定限度的，你擁有的並不會永遠屬於你，如果你不珍惜，終有一天它也會離開你。

不要以為那些唾手可得的東西就是理所當然的，很多東西你的一生只能擁有一次，一旦失去了可能就沒有了。比如時間、青春、機遇、情誼等等。很多東西是生命賜予你，讓你珍惜生命用的，如果你不懂得珍惜，那麼，生命自然會收回。所以，學會珍惜吧！不要等到失去了才後悔，更加不要為了那些過去的事情而失落，珍惜現在、珍惜擁有，我們才能活得更快樂，你的微笑才會更多！

塞翁失馬，焉知非福

生活中，人人都不願意吃虧。自然，吃虧就意味著會失去，要做出犧牲，我們為什麼要吃虧呢？但是，也有這樣一句話：吃虧是福。吃虧看似我們犧牲了很多利益和物質，但是，吃虧的背後卻會讓你得到更多。

有這樣一個成語故事：塞翁失馬焉知非福。故事中的塞翁失去了一匹馬卻又額外得到了一匹馬，兒子雖然因為騎馬摔斷了腿，可是卻躲過了兵役，保住了性命。第一次丟馬，大家都覺得塞翁吃虧了，可是，塞翁卻得到兩匹馬。兒子的腿摔斷了，大家更是覺得塞翁不值得，但是，最後的最後，塞翁到底是吃虧還是沒有吃虧呢？其實，吃虧不吃虧有的時候只是心理作用而已。如果你覺得你很吃虧，你就會感到沮喪；如果你認為吃虧讓你更好，那麼，你自然不會懊惱。

有的時候，主動吃虧的人，反而能夠得到更多。反觀那些不願意吃虧的人，不僅會吃更多的虧，還有可能吃大虧。

吃虧的人一定是不計較的人，正是因為他們不計較，所以他們才能得到更多。而那些斤斤計較又愛佔便宜的人，才是真正會吃虧的人。人生在世，何必去計較那麼多，得得失失又何妨？那些總是吃虧的人，才能得到更多的微笑和快樂，因為不計較了，所以微笑的理由也就更多了！

能夠吃虧的人，是一個樂觀的人。他們不會在乎太多，即使上當受騙，也不會斤斤計較。他們樂於將煩惱拋諸腦後，將微笑留在臉上。同時也因為他們的樂觀，他們一定是受人尊敬的人，他們擁有眾多的朋友，當有困難的時候，朋友會自然而然伸出援助之手。因此，能吃虧的人必然也是容易成功的人。綜觀歷史，那些傑出、優秀的人，哪一個不是能吃虧的人。再看看那些喜歡佔小便宜的人，他們不僅不會成功，也不會得到大家的尊重！

能夠吃虧的人，是聰明的人。他們樂於吃虧，正是因為看透了吃虧是福的道理，他們將吃虧當作人生的福氣和歷練。雖然表面上看起來是他們吃虧了，可是，實際上呢？他們反而得到了更多的人生賜福。

吃虧了，反倒學會了珍惜；

吃虧了，學會了放棄；

吃虧了，學會了向前看。

因此，能夠吃虧的人已經達到了一種人生境界。在這樣的人生境界中，他們的人生變得更加精彩，也多了一份他人沒有的微笑！

不要怕吃虧，勇於接受吃虧，即使上當受騙，我們也要笑對他人，用微笑來面對人生的每一個坎坷！

吃虧也微笑

受騙、上當、吃了虧，那又有什麼？這次的受騙上當與吃虧不過是為了下次的不受騙，因此，不要懊惱，反而要感謝生命給予了如此的經歷！

現在的才是最珍貴的，無論好與壞，過去的就過去吧！珍惜現在、珍惜擁有！

Chapter 2

愛與被愛都是一種幸福

11

單身，在孤獨中品味那份灑脫的自由

人們是需要愛情的，愛情也是人生中不可或缺的一部分。但是，愛情並不是唾手可得的。有的時候，我們尋尋覓覓多年，愛情依舊和我們躲躲藏藏。單身，渴望愛情。但命運就是如此，不是你想要就可以。不過，單身又有什麼可怕的呢？我們不妨趁現在享受一下，微笑迎接這份灑脫的自由！

美國情感作家葛瑞哥在《甩了，甩了，甩了他》一書中寫道：「停止悲傷吧！一個假裝在人間蒸發的男人不值得妳懷念。妳就當他死了。妳沉迷的不是愛情，是習慣，是愚蠢的單項思維模式。」

無論男女都應該有這樣的思維。很多人一味追求愛情，不願意單身，覺得單身是一種可悲可憐的事情，總以為單身的生活就沒有了微笑。其實，單身又有什麼呢？我們追求愛情，有的時候並不是我們需要愛情，而是覺得我們不應該單身。

現在開始，擺脫這種思維吧！要知道，即使單身，也可以過得開心；即使孤獨，你也可以得到更多的微笑！

俊傑已經年過三十了，在大家的眼中，他已經成了我們「剩男」的代名詞了。可是，面對自己的單身生活，俊傑卻絲毫不以為意，覺得自己活得十分瀟灑！

俊傑是一個標準的背包客，他還加入了一個背包客俱樂部，每到放假，他都會和背包客結伴去旅遊。國內、國外，他走過不少地方，可謂既開闊了眼界又愉悅了身心。

除了旅遊，俊傑還喜歡看電影、健身、玩真人CS遊戲，他的生活永遠不寂寞，也沒有因為單身而自怨自艾。

俊傑說：「多虧我是單身，如果我不是單身，恐怕我也不會如此的自由和瀟灑。」

俊傑的單身當然也並不是刻意為之。俊傑說：「我也希望自己得到一份愛情，可是，我知道愛情並不是可以強求的，我不希望我自己為了結束單身而去戀愛。但是，當愛情出現的時候，我也不會拒絕，愛情就讓它順其自然吧！

是誰說單身就會不快樂？又是誰說單身就不可以擁有微笑？單身，其實可以更快樂，生活也可以更開心。

如果你是單身，那麼，就請享受你的單身，把握你單身的日子，用快樂和微笑來品味那份屬於你的自由！

單身，可憐的代名詞？

很多人提起單身人士時，總會說：「怎麼還沒有男朋友（女朋友），真可憐！」

難道單身就可憐嗎？又是誰規定的人們必須要有另一半呢？

單身怎麼了？單身難道就是罪過嗎？單身的人，或許會有孤獨的時候，但是，單身的人卻有著他人所沒有的自由和灑脫。

單身的人，他們有著他人所沒有的自由，即使回家晚了，也不用擔心有人會責罵自己；他們和朋友在一起，可以暢懷聊到天亮；他們想要前去遠方，立刻就可以行動，完全不用經過他人的允許。因此，單身的人依舊可以擁有燦爛的微笑，快樂的生活，他們並不缺少快樂！

單身的人，雖然沒有另一半，但是，他們肯定會擁有一群要好的夥伴。

閒暇時，他會和朋友一起娛樂；

困難時，朋友會及時伸出援手；

鬱悶時，有朋友開導；

痛苦時，有朋友安慰……

單身的人朋友多，他們雖然得不到另一半的鼓勵和支持，可是，朋友之間的相互扶持卻讓那顆孤獨的心從此不寂寞。也正因為沒有另一半，他們不會忽略朋友，他們才會擁有更廣闊的天空！

單身的人，雖然還沒有愛情，但是，他們對待愛情的態度卻一定是認真的，他們之所以單身，就是因為他們不願將就，不願委曲求全。

單身的人也渴望愛情，但是，他們卻不希望自己的愛情是魯莽的、是草率的。他們之所以單身，就是在等待那個真正的情人，等待那份純真的愛情！他們一旦遇到了愛情，必然認真對待，絕不敷衍。這就是單身人士對愛情的態度，也是他們對愛情的最真嚮往！

單身，不是可憐的代名詞，也不是人們憐憫的對象。單身，不過是芸芸眾生中的一員，他們也擁有自己的快樂生活，他們的生活也照樣充滿了微笑。單身不過是一種生活方式，懂得享受生活的人，無論單身與否，都會讓自己幸福的！

單身不是狀態，是心態

人生在世，難免會經歷一些事情，成為單身也是我們人生必修的感情課。

有人說：單身的日子可能會很可怕。單身的日子，或許有點孤獨，或許有點寂寞，或許有點冷清，或許有點失落。但是，單身的你卻擁有了完全屬於自己的天空，擁有了完全的自由。這樣的生活又有什麼不好呢？

單身並不是一種狀態，而是一種心態！

只要認真對待，單身生活並不會缺少笑容，反而會因此獲得更多的快樂！

只要你想讓單身的生活精彩起來，那麼，你就會活得更加瀟灑；

如果你想要活在抑鬱中，那麼，你就去獨自享受痛苦吧！

單身與其來說是災難，倒不如說是幸運！

單身了，你已經完全自由，你可以完全掌握自己的生活，你可以多和朋友在一起，將以前錯過的聚會統統補上。

單身了，你可以將以前陪另一半的時間來陪陪家人，你有多久沒有和父母通話了，你的兄弟姐妹有多久沒見面了，何不妨趁著單身，好好享受一下親情呢？

單身了，你的生活也並不是沒有了希望，反而多了一份對未來美好愛情的期盼，要相信，你將來的另一半肯定會是你心目中滿意的那個人。此時，你有了更多的選擇，何不多認識一些異性朋友呢？單身有如此多的好處，那麼，我們又怎麼能夠不給自己一個微笑的理由呢？

單身的幸福有很多，雖然不同於愛情，可是，這幸福卻是多方面的。戀愛有戀愛的幸福，單身有單身的幸福，不要因為單身就悶悶不樂，既然是單身，那麼就抱著一顆美好的心，盡情去享受不一樣的單身生活吧！

活在當下，享受當下

人們總喜歡緬懷過去，也喜歡憧憬未來，可是，最重要的當下卻是人們容易忽略的。無論一直是單身，還是即將是單身，抑或是剛剛成為單身，大多數所關注的焦點，恐怕不是現在的單身生活，而是對以往感情的回憶和感嘆，或者是對未來生活的憧憬和嚮往。但我們為什麼不關注一下我們現在的單身生活呢？過去已經過去，未來如何，我們無法預測。因此，我們需要做的就是活在當下、享受當下，讓自己的單身生活也同樣充滿歡樂！

既然已成事實，倒不如好好享受一下現在的單身生活。

Ada 剛剛和男友分手，大家都以為她會非常悲痛。可是，她的狀態卻出乎大家的意料。她不僅沒有傷心，反而生活得更好！

以前因為忙著戀愛，她忽略了好多事情，現在終於有時間能夠去享受這種自由了。思考過後，她為自己的生活做出了多項安排。她一直想到歐洲旅遊、想考取建築設計師資格、想到孤兒院做義工、想學習肚皮舞。將自己的這些想法列出後，Ada 開始一一行動了。

恢復了單身，Ada 不僅沒有變得寂寞和孤獨，反而從中獲取了更多生活樂趣，擁有了更多微笑的理由！

不得不說，Ada 是一個聰明的人，也是一個懂得享受生活、享受當下的人。單身的日子裡，她沒有讓自己孤獨下去，而是勇敢接受了自由的生活，這樣的人，不管過著怎樣的生活，他們都會很快樂、很幸福！

不是任何人都擁有灑脫和自由的，既然我們得到了，那麼，我們為什麼不珍惜這樣的日子呢？單身是一種心態，雖然我們看起來或許孤獨，但是，我們的內心卻是強大和自由的。

誰說單身沒幸福？單身的你一定能將幸福延續下去，將微笑灑滿生活！

單身也微笑

單身是人生的必修課，單身不可憐，可憐的是那些無法面對單身的人！

心態決定一切，只要你願意，單身永遠都可以很幸福！

既然是單身，我們何不妨好好享受一下單身生活呢？活在當下、享受當下！

12

嫁錯，學會在抱怨中坦然接受

時常聽到有些女性朋友的抱怨——抱怨自己婚姻不幸，抱怨自己嫁錯了。這個世界上所謂女人「下嫁」的事情很多，可是，既然已成事實，與其不斷抱怨，倒不如坦然接受。記住，婚姻的幸不幸福，不在於嫁錯不嫁錯，而在於如何去經營！

婚姻是女人的第二次投胎。

家庭出身，我們沒有選擇，可是婚姻，我們可以選擇。

對女人來說，能夠嫁給一個好男人，是幸福的。每個女人都想尋找到自己的如意郎君，但是，世上沒有十全十美，並不是每個女人都可以找到自己的白馬王子，也不是每個女人的婚姻都可以幸福美滿。現實世界是：很多女人在嫁人之後又後悔不已，覺得自己嫁錯了，每天抱怨不斷，久而久之，生活不僅沒有快樂可言，反而失去了原本屬於自己的微笑。

Adele就是這樣一個女人。她是我的大學同學，當時可是系花，外表看起來溫柔可人，內在卻是一個柔中帶剛的女子，隨和中帶著一點點小驕傲。想來，長得漂亮的女人都有一點驕傲的本錢，對Adele來說，亦是如此。

當年，追求Adele的人很多，但是，因為Adele的眼光比較高，一直在挑挑選選，始終沒有接受任何一個人。轉眼大家都畢業了，同學們也陸陸續續都結婚成家了，可是，卻一直沒有傳來Adele結婚的消息。大家都覺得Adele條件那麼好，人長得漂亮，工作也不錯，肯定是挑花了眼。就這樣，Adele一直待字閨中，直到三十歲那年，大家才收到她的請帖。可是，當我們看到新郎的條件時，也都十分吃驚。

確實，新郎的條件實在不怎麼樣，其貌不揚，家庭條件一般。就在我們都納悶Adele怎麼找了這樣一個人的時候，她自己解釋說：「挑來挑去，我都不知道自己該嫁個什麼樣的人了，年齡大了，家裡人一直催著結婚。對於他，我心裡自然不是很滿意，可是，家裡人都覺得不錯，所以，我就決定嫁了！」

聽了Adele的話，我總覺得心裡很難過，也覺得她今後未必會過好。婚姻對女人來說很重要，草草將自己嫁掉，豈不是對自己的不負責任！

果然，沒過多久，我就聽到了關於Adele婚後生活的一些消息。婚前，Adele就對自己的丈夫不滿，婚後在一起生活，Adele的不滿繼續攀升。於是，她開始不斷向朋友們抱怨，抱怨老公不夠英俊、抱怨老公沒有能力、抱怨婆家不夠體貼等等，總之，Adele覺得自己嫁錯了，她覺得自己可以嫁個更好的男人。可是，現在抱怨又有什麼用呢？畢竟已經嫁人了，總不至於離婚吧！再說，誰又敢保證女人第二次婚姻就一定比第一次婚姻要幸福呢？

此後很長時間，我都沒有聽到Adele的消息，直到一次同學的聚會時，我才見到她。聚會上，Adele帶著自己的老公出席，她依舊還是很漂亮，不僅如此，經過歲月的沉澱，她的身上還散發出了成熟女人的美麗。看著她現在的模樣，感覺生活很幸福，一點都不像婚姻不幸的女人啊！

原來，Adele剛開始結婚時，對丈夫確實不滿，每天就知道抱怨。可是，時間久了，Adele突然醒悟了，她明白抱怨沒有用，既然已成事實還不如坦然接受。於是，她停止了抱怨，開始努力經營自己的家庭。在她的經營下，她的家庭變得很和睦，丈夫也在她的鼓勵下，事業上獲得了突破。如今，Adele的丈夫事業有成，一對兒女活潑可愛，自己則是一個事業和家庭都幸福的人。

看到Adele臉上的微笑，我相信，Adele是幸福的！因為她懂得了一個道理，在自己嫁錯之後，她沒有消沉，反而從抱怨轉變為接受，又從接受事實過渡到用心經營。如此聰慧的女子，怎麼能不幸福呢？我相信，不管她嫁給誰，她都會過得一樣幸福！

嫁錯了，雖然妳覺得委屈，可是，痛苦的依舊是自己。此時，我們不妨面帶微笑坦然接受。

只要用心去經營，每個女人的婚姻都可以很幸福，每個女人的生活都可以經常充滿微笑！

抱怨又有何用，不如接受並改變它

對女人來講，婚姻有時候就和博弈一樣，誰也不知道自己嫁的那個男人將來會如何。幸運的女人，嫁了一個好男人，或許可以過著衣食無憂、體貼入微的生活；不幸運的女人，或許一輩子都在操勞，根本不知道幸福為何物！

世界上沒有那麼多的幸福，生活也並不是童話小說。嫁的男人優秀，也並不代表生活得十全十美。更何況，生活不斷變化，人生不斷變化，誰知道將來會如何呢？

女人對婚姻有抱怨，總覺得自己將一輩子都賠進了婚姻中。其實，如果婚姻不幸，還可以挽救，如果生活一直停留在抱怨中，那最終只能讓抱怨毀了妳的生活。與其說妳嫁錯了，不如說是妳的抱怨態度毀了妳。為何有的人看起來就是微笑多一點，有的人就整日愁眉苦臉呢？這就是生活態度的問題。

微笑的理由始終在妳手中，關鍵在於妳是否看到了它！

如果妳喜歡抱怨，不妨仔細思考一下，難道妳的生活真的有那麼不堪，妳的丈夫就真的那麼配不上妳嗎？其實不然，每個人都是有優缺點的，喜歡抱怨的人，只看到了丈夫的缺點，而忽視了優點。抱怨多了，妳生活的正能量就會相對減少，負能量就會增多，妳的不幸也會變得更加不幸，妳忽略了微笑，微笑自然也就遠離了妳。

其實，喜歡抱怨的人，對美好的婚姻更加嚮往。這樣的女人，她們更加渴望幸福，更加渴望生活中充滿微笑，可是，她們卻選擇了一個對自己最無益的方式——抱怨！如果可以，妳為何不停止抱怨，試著去適應現在的生活，甚至去改變自己的生活中，試著給自己尋找微笑的理由。與其蹉跎一生，不如努力改變。對於那些不能改變的事情，我們更加沒有必要抱怨，因為抱怨只會加深妳的痛苦，卻也無濟於事！

如果想要一個好的婚姻，那麼，停止抱怨，給自己一個微笑的理由！

婚姻的幸與不幸，掌握在自己手中

我們時常看到兩個看起來並不相配的男女卻生活得很幸福！而那些看起來郎才女貌的夫妻，卻忍受著婚姻的不協調。

婚姻幸福的主動權，並不在於他人，而是掌握在我們自己手中，幸福是需要自己去爭取的，而不是他人給予的。婚姻是兩個人的事情，需要兩個人一起經營，如果一方努力，一方消沉，只會讓婚姻陷入死胡同中。要想讓妳的婚姻生活充滿微笑，首先我們自己就要給自己一個微笑的理由。

或許會覺得很意外，其實，我們不管結婚的對象是誰，生活的幸福程度都是一樣的，因為無論抱著多麼大的期望，最後可能都會有失望的可能。幸福與不幸福總是我們自己的事情，甚至說無論對方條件多麼差，只要認真對待婚姻，婚姻就一定幸福。

婚姻是什麼？就是茶米油鹽，雖然也會有風花雪月。婚姻如何能幸福？有了平衡就有了和諧，有了和諧也就有了快樂。

能夠在平凡生活中依舊保持微笑的人，婚姻一定是幸福的！

生活如此苛刻，它不會讓妳永遠快樂幸福，但是，我們卻可以從中學習如何去經營快樂，努力給自己微笑的理由，這對愛情同樣適用。用微笑的態度面對婚姻，妳也會換來一份甜蜜的幸福！

嫁錯也微笑

嫁錯了，與其抱怨，不如努力改變！生活是可以改變的，幸福的生活是靠自己去爭取的！

抱怨，對生活沒有絲毫好處，只會徒增煩惱！

想要獲得幸福的婚姻並不難，只要用心經營，每個人都可以快樂！

13

失戀，不過是為了讓我們認識真正的愛情

世界上最痛苦的戀愛狀況是什麼？是失戀！失戀，讓我們悲傷、痛苦、鬱悶，但是，誰沒有在年輕的時候失戀過呢？我們不過是為了認識真正的愛情罷了！

戀愛是甜蜜的，失戀是痛苦的。

戀愛時，兩個人你儂我儂、情深意切；失戀時，甜蜜不過一場空，回憶裡只有痛苦和難過。

Callie 失戀了，痛不欲生，不僅心理上遭受了嚴重打擊，還影響了工作。

這天，Callie 又犯了一個錯誤，遭到了上司的指責。Callie 為此十分傷心，她也覺得自己不應該犯這樣的錯誤，可是，還沒有走出失戀陰影的她還是管不住自己，工作的時候經常恍恍惚惚的，有的時候還會發呆半天。更糟糕的是，Callie 的自信心受到了重創，她總覺得自己以後肯定沒人要了，再也找不到合適的男人了。此外，因為失戀的關係，工作受到了影響，Callie 對自己的工作能力也開始懷疑起來了。看來，失戀真是害她不淺啊！

看到 Callie 這樣，大家都非常焦急，都希望她能趕緊走出陰影。過了一段時間，大家發現 Callie 似乎變了，不僅沒有了恍然若失的情緒，還比以前更加開朗，笑容也變多了許多。

Callie 說：「失戀確實很痛苦，我以前從來沒有想到我也會失戀，看到他人失戀時痛苦的樣子，我很不理解，可是，現在我理解了。剛開始，我怎麼也走不過心中的那個關卡，覺得自己好失敗。後來，在朋友的開導下，我終於明白了，失戀不過是人生的必修課。世界上男人那麼多，我何苦為了這一個男人而痛不欲生呢？我知道，以後還會有好男人在等著我，所以，我會生活得更快樂！不過，這次的失戀也讓我明白了，愛情是不能強求的，緣分到了愛情自然就會開花結果，沒有緣分如何努力也白費心機！」

看來經歷了這場失戀，Callie 將愛情看得更加透徹——不僅走出了失戀的陰影，還懂得了真正的愛情。這難道不是應該慶幸的事情嗎？Callie 其實大可不必悲傷，反而應當微笑。能夠從失戀中看透愛情，原本就是一個可微笑的理由！

面對失戀，我們可以痛苦，可以悲傷，但是，我們卻不能讓自己一蹶不振。失戀是什麼，不過是失去了一個不值得珍惜的人而已，應該感到慶幸。正是因為對方的離開，你才能找到更好的、更值得你去愛的人。因此，不要因為失戀就覺得惋惜，也不要因此而遺忘了微笑。記住，任何一個離開你的人都不值得你傷心，他們不過是你生命中的過客。

失戀怕什麼，帶著你的微笑，勇敢去尋找真正屬於你的愛情吧！

失去的不過是顆壞葡萄

失戀，到底是什麼呢？其實，在智者的眼中，不過是失去了一顆壞葡萄而已。

有一個人失戀了，他找到蘇格拉底訴說自己的悲傷。蘇格拉底卻說：「失戀很正常，傷心也是理所應當，恰恰說明你戀愛時很甜蜜。不過，我怎麼覺得你對失戀的關注已經超過了戀愛呢？」

失戀的人回答說：「到手的葡萄又丟了，當然更傷心啊！」

蘇格拉底勸慰他說：「既然丟了你又何必在意！還不如繼續向前尋找更好的葡萄！」

蘇格拉底是偉大的思想家，他對失戀看得十分透徹，不過是丟了一顆葡萄而已，或許還是一顆壞葡萄，根本沒有必要傷心，因為前方還有更多鮮美的葡萄在等著你！為了一顆壞掉的葡萄而丟失了微笑，我們豈不是因小失大？所以，不傷心，要微笑，才是失戀者真正的態度！

既然失戀了，我們就不要去追究那個離開你的人。有的時候，你留戀的並不是這個人，而是和對方在一起時的習慣。在一起時間久了，你們之間就會產生習慣，你習慣了週末的愉快相處；你習慣了一起看電影；你習慣了臨睡前的那一通電話；你習慣了共進晚餐的甜蜜……總之，你或許對他的愛不深了，但是，你的習慣卻已經滲入到了你的生活中。改變一下習慣，微笑也就自然重新出現在生活中了！

失戀了，就痛快丟掉吧！不過是一顆壞葡萄而已，即使留著也不會給你帶來任何的甜蜜和快樂。不要再失落了，抬起頭，向前看，整個葡萄園依舊存在，你完全可以找到更好的、更適合你的那個人！

失戀的愛情才是完整的愛情

有人認為，沒有經歷過失戀的愛情不是完整的愛情。事實如此。

世界上的事情，沒有純粹的好與壞，失戀對你來說也未必是壞事，反而可能是值得慶幸的事情。

失戀了，我們別只顧著悲傷，我們難道不應該想一想，失戀帶給自己什麼了嗎？難道那個離你而去的人真的適合你，值得你再去挽留嗎？其實，在大多數分手的戀人中，多數都是不合適的，與其將就著過一生，還不如趁早痛痛快快分開，正所謂長痛不如短痛，能夠割捨掉的愛情正是你所不需要的愛情！失去的愛情不可惜，而因此將微笑從臉上抹去才是最可惜的事情，因此，趕緊將微笑撿起，重新回到快樂當中！

年輕的時候，誰沒有幾次失戀的經歷呢？每當我們經歷愛情的時候，總會產生一種幻想，希望自己的愛情猶如小說中描寫得那般轟轟烈烈，可是，生活中的愛情哪裡又有那麼多的激情呢？藝術來自於生活，卻永遠高於生活，年少的我們正是因為有了對愛情過多的幻想，才將愛情過於完美化了，其實你根本不懂得真正的愛情。一旦當你經歷過幾次失戀之後，你就會看到愛情的真正面目，才能接受和找到真正的愛情！

這就是失戀的好處，沒有失戀，我們也將無法懂得真正的愛情！

不識廬山真面目，只緣身在此山中！

失戀，不過是讓你看清愛情，是愛情帶給你的必修課！

失戀了，我們才能看到愛情的缺點和優點；

失戀了，才能讓我們學會去珍惜真愛；

失戀了，才能透過華麗的彩衣看透愛情真面目；失戀了，才懂得失去比得到重要！

失戀不過是豐富人生經歷罷了，既然如此，無論多麼痛苦，我們都要微笑以對，用微笑來療傷，用微笑來迎接下一次的精彩旅程！

失戀又何妨，為自己開啟一段新旅程吧！

曾經如此相愛的兩個人，曾經以為是一輩子的事情，可是，卻突然成為了最熟悉的陌生人。如果是你，你是不是也無法接受呢？

失戀允許悲傷，也是允許痛苦的，但是，卻不能將悲傷進行到底。

記住，悲傷過後，微笑依舊！前面還有更好的風景等著你，前面還有更重要的人需要與你邂逅！

在這裡，我們應當感謝那些讓我們失戀的人，如果不是他們，我們又怎麼會欣賞到更好的風景，我們又怎麼能夠去體驗新生活，我們怎麼會又多了一些可以微笑的理由呢？因此，失戀的我們不應該怨恨，而是應該感謝！

失戀，不過是我們結束了一段旅程，失去了一份錯誤的感情而已。既然已經過去了，我們需要做的就是調整自己，然後踏上新的旅程。曾經為了不值得的人停下了腳步，現在就為值得的那個人開始行動吧！

失戀怕什麼，不過是錯誤的結束，經歷了、感悟了，那麼，就輕裝上陣，愉快地去尋找真愛吧！

失戀也微笑

不要為了一顆失去的壞葡萄而哭泣，因為我們周圍還有一片葡萄園！

失戀不過是愛情的一部分，失戀過後，才能真正懂得愛情！

揮手告別過去，轉身迎接未來，失去這份戀情，還有另一份戀情等著我們。愛情不怕失敗，只要心中存有真愛！

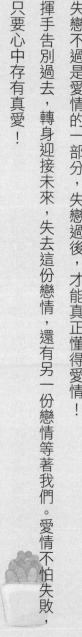

14

等待，只為最後的相守相知

等待，寂寞的、無聊的、痛苦的，甚至有的時候，等待沒有目標、沒有對象，只是一味等待那個你愛的人。

等待有時候又是沒有盡頭的，或許等到最後也可能沒有結果，也或許等著等著就錯過了機遇。

等待是美好的，因為心中有期望，所以生活中也會有更多微笑和快樂！

有一種感情叫做相濡以沫，每個人都希望有一個相濡以沫的人相守相知一輩子，但是，這樣的感情可遇不可求。這種可遇不可求的感情，我們無法刻意製造，只能耐心等待。

等待是痛苦的，尤其是對愛情的等待；

等待是煎熬的，那個你愛並愛你的人還不知在哪裡躲藏著。

可是，為了能夠有一份美好的愛情，很多人還是選擇了等待。

大學的時候，Sallie 交了一個男朋友，他們非常相愛。可是，畢業的時候，男生的家人卻一致要求他到國外留學，需要她等五年。男生不同意，他擔心五年後就失去了 Sallie。當 Sallie 的家人和朋友聽到這個消息後，心底自然也開始嘀咕：男生就這麼走了，兩個人肯定會分手。誰願意等一個人五年呢？更何況，兩個人五年時間不在一起，哪裡知道男生會不會另覓新歡呢？

迫於重重壓力，男生還是走了。走之前，他們進行了一次深刻的談話，最後決定相互等待。

就這樣，一對相愛的戀人被分開了，Sallie 則開始了她等待男友的日子。第一年，兩個人之間的聯繫非常緊密，幾乎每週都會打電話或者在網路上通話。隨著時間的流逝，兩個人之間的聯繫逐漸減少，甚至有時一個月都不通一次電話，兩人之間的話題也漸漸少了。

很多人看到 Sallie 癡癡地等待，都覺得她不值，萬一對方不回來，留在了國外，或者即使回來了，兩個人也沒有修成正果，Sallie 豈不是白白浪費了青春。可是，Sallie 卻絲毫沒有動搖，依舊等待著，她對自己有信心，對男友更有信心。五年時間裡，有人同情她，有人說風涼話，有人在等待最後的結果。

轉眼，五年時間到了，男友回來了，他們又團聚了。但是，此刻依舊很多人不看好他們，覺得他們之間有了差異，或許就很難在一起了。可是，沒過多久，大家就收到了 Sallie 的喜帖。Sallie 順利和男友走入了婚姻的殿堂，Sallie 的等待終於獲得了回報！

Sallie 曾經說過：「我也想到放棄過，可是，我又不甘心。更主要的是，我覺得能夠找到一個愛自己又自己愛的人不容易，所以我等待了下去。我覺得等待不可怕，只要我們最後能夠相守相知一輩子，我就知足了。」

婚後的 Sallie 是幸福的，丈夫因為她能夠等待自己而倍加珍惜她，兩個人相濡以沫，生活中到處充滿了幸福！

或許這就是愛情，即使讓你痛苦的等待，也終有一天能夠讓你微笑迎接那個可以和你相守相知的人！

有一種愛情叫寧缺毋濫

很多人都嚮往美好的愛情，可是，有時候上帝總是喜歡捉弄人。

很多人希望等到與那個愛自己的人心心相通，可是，愛情也是捉弄人的。

於是，在世俗的壓力下，有些人草草解決了自己的終身大事。

但是，世界上還有一種人，他們抱著寧缺毋濫的心情，一直等待著那個心目中的完美愛情出現。這樣的人，對愛情有著十分美好的憧憬和嚮往，他們堅定一個信念——冥冥之中，自己肯定會在某個對的時間、對的地點遇上對的人。

或許在他人眼中，這樣的人是固執的。不過，他們想要的並不是完美的愛情，而是那個能夠懂自己、知自己的人，他們等待的是心中那個完美的人，而不是大家眼中那個完美的人。或許有等待的痛苦，但是他們卻多了對美好愛情的憧憬，正是因為懷抱希望，所以他們的快樂自然就多了一份！

不要因為寂寞而去接受他人，更加不要因為空虛而病急亂投醫。很多人就是在這樣一段段無疾而終的感情裡迷失了自己，喪失了對愛情的信心，丟掉了原本屬於自己的微笑。

有一種愛叫做寧缺毋濫，有一種等待叫做心甘情願。

世間並不是沒有真愛，只是我們自己早就將真愛從心中剔除了而已！

愛情，比想像中堅強

愛情在一些人眼中的確是易碎品，需要精心維持、耐心呵護，稍有不注意，愛情可能就會被擊碎。也有人認為，那些所謂的海誓山盟、天長地久，不過是戀人在情濃時的暫時謊言，一旦激情過後，愛情便歸於平淡，誓言也會隨風逝去。

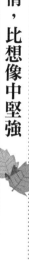

但是，是不是因為如此，我們就要失去愛的勇氣，不去微笑面對愛情了？

愛情確實算是易碎品，一旦破碎了，很難修復回來，但是，真正的愛情也可以猶如古董一般，保存上百年、上千年，成為永恆的經典！

世界上不幸的戀愛和婚姻確實不少，這是我們生活的一部分，不可避免，但是愛情卻比我們想像中要堅強！說愛情是易碎品的人，其實，他們缺少的只是對愛情的一份堅守！在愛情中，選擇堅持，選擇等待，當煎熬過去，屬於自己的幸福必然會來。

愛情容易受傷，但是，我們還是要相信愛情，珍惜身邊等待你的那個人，也要學會等待你愛的人！所以，面對愛情，我們依舊要微笑以對，用微笑來面對愛情的一切紛紛擾擾！

等待也微笑

等待是痛苦的又是甜蜜的，真正經歷過等待的人，必然會懂得那份希望和守候的價值！

寧缺毋濫是一種態度，等待過後的甜蜜是一輩子的幸福！

愛情容易受傷，但是，愛情並非易碎品！

15

愛他，更要懂得愛自己

愛一個人，就要全心全意為他付出。一個人的愛不是愛情，兩個人相互愛才是愛情。在愛情中顯得卑微，那是因為不懂得愛自己！只有愛自己才能更好地愛他人！

在大家的眼中，Blair是一個極佳的男朋友，他對女朋友提出的要求，都會一一滿足。無論是情人節、生日，還是耶誕節，Blair都會抽出很多時間來陪女朋友，提前為女朋友備好禮物。不過，見過Blair女朋友的人，也都覺得Blair之所以這麼做也是值得的。原來Blair的女朋友不僅長得漂亮，工作上也很出色，可以說是智慧與美貌兼具的女子，當年Blair能夠將對方追到手，也是下了一番工夫，怪不得他這麼小心翼翼地對待女友，將對方當作女神一樣捧在手心裡。

可是，最近Blair的情緒變得低落起來，以前經常掛在臉上的笑容也不見了，每天愁眉苦臉的。更奇怪的是，以前他那個經常掛在嘴邊的女神也不見他提起。原來，兩個人正在鬧分手呢！

大家都知道Blair的女友才貌雙全，但是，卻不知道美女的脾氣也相當大，他們在一起時，只能Blair順從她，她則從來不考慮Blair的感受，凡是她提出的要求，Blair都要一一滿足，否則她就會發脾氣。時間久了，Blair心裡開始覺得不舒服，因為他覺得自己的付出沒有得到回報，有的時候看到人家的女朋友溫柔可人，自己的女友卻高高在上，他就有點恍惚了。

前兩天，Blair工作很忙，需要加班，本來兩個人約好一同前去郊外度假村過週末的，可是Blair卻因為要加班去不了，為此，他女朋友很生氣。這一次，Blair也生氣了，本來工作就比較繁忙，可是，女友卻如此不體諒自己，兩人就這樣僵持在了那裡！

愛情是平等的，如果一開始就建立在不平等之上，一個人總是付出，一個人總是得到，那麼，愛情遲早會出現問題。而對雙方而言，愛情不僅不會幸福，反而會讓生活中的快樂減少，Blair和他的女朋友就是這樣的。

在愛情中，很多人都覺得愛一個人就要付出所有，但是，我們在愛他的時候卻往往忽略了自己。

其實，愛一個人重要，愛自己更重要，如果一個人連自己都不愛，又何談去愛他人呢？所以，從現在開始，我們不僅要學會愛對方，也要學會愛自己，只有這樣，才能獲得更多的快樂！

愛情不是一味的付出

能夠擁有一份愛情是幸運的，在茫茫人海中找到那個人並非易事。

愛情，是兩個人的事情，從來不是一個人可以承擔的。

愛情，需要兩個人彼此珍惜、彼此在乎，才能天長地久。

在愛情的世界裡，沒有任何的施捨和饋贈，付出的愛是對等的。

愛情是需要回應的，當你將滿腔熱情拋灑出去，換來的不是溫情而是冰冷，此時，愛情將不再是愛情，不過是一方的單相思而已。如此的愛情，不僅不幸福，反而帶走了原本屬於你的快樂！

兩個人的愛情就好比是一架天平，只有達到平衡狀態才會和諧美好。人心很奇怪，對於輕易就能得到手的東西反而不珍惜，因此，一味討好，只會讓你在對方面前顯得愈加卑微，最後的結果，你不僅會失去愛情，還會讓自己受傷。

沒有回報的愛情不是愛情，自然，愛情不是交易，我們也只是需要對方的溫情和關懷，或許是一句關心的話語、一個熱情的擁抱，或許是一通睡前的電話、一份簡單的午餐。

從此，學會將你的愛情做一些保留，你完全不需要將十分的愛付出，只要七分就好了，那剩下的三分，不妨用來好好愛自己！如此的愛情，才是真愛情，也會讓生活多一點微笑與開懷的理由！

愛自己的人，才會讓他更愛你

無論男人、女人，一旦陷入了愛情中，就有可能不給自己留下絲毫的餘地。這樣的做法，無疑展現了你是愛對方的，可是，不給自己留下一點自尊的愛是真愛嗎？這樣的愛情能讓你快樂起來嗎？

不要在那裡哀嘆別人，如果連自己都不愛，他又怎麼會愛你呢？

愛，是一種能力，當我們失去了愛自己的能力，對他人的愛也並不是一種健全的愛。記得一個老師對我說：「一個人，首先要照顧好自己、愛自己，這樣才有能力去照顧他人、愛他人，他人也會更愛你。如果你自己本身不會微笑，又如何教會他人微笑呢？」

愛情理想的境界，則是愛對方的同時，也更要懂得愛自己。兩個人在一起的時候，要相互扶持、相互依靠，共同面對生活中的酸甜苦辣。當兩個人暫時分開的時候，我們也要做到獨立，因為保持一定的距離也是愛情保鮮的方法之一。

愛情，不應該是你生活的全部，你也應當有獨立的生活，有獨立的生活圈，而不是圍繞著另一個人轉。

愛自己，是接納自己的一種方式，同時也是接納別人的一種方式。愛自己的人，通常都是快樂的，他們擁有自信，他們的臉上常常帶著微笑。因為他們接納了自己，所以他們也更容易接納他人。愛自己的人，內心通常是積極向上的，無論是對自己還是他人，他們總是能夠以寬容的心來對待，甚至會用自己的正能量來感染他人。因此說，愛自己的人，才有能力去愛他人，也才會得到更多他人的愛！

學著去愛自己吧！你的生活不僅有他，更加需要有你的存在。

多給自己一點關愛，也多給自己一個微笑的理由！

愛他、愛己也微笑

真正的愛情建立在平等的基礎上，任何不平等的愛都不會長久！

愛情需要兩個人共同維持，一味付出，只會讓愛情變成負擔！

愛自己，是愛他人的前提。

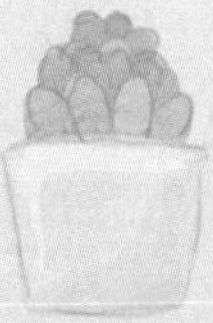

16

放手，轉身遇真愛

最可悲的愛情是什麼？你愛他，他卻不愛你！很多人面對那個自己愛卻不愛自己的人，總是難以放手。其實，何必呢？與其兩個人都痛苦，倒不如痛痛快快轉身。或許，真愛就在轉身那一刻出現！

原本相戀的兩個人，一方卻突然變了心，另一方則因為不甘心，苦苦不願意放手。這樣到底對還是不對？這樣又是否能夠給你帶來微笑呢？

Dana 就是這樣一位曾經在愛情中不願意放手

的人。Dana結交了一個男朋友，在熟知的朋友中也是非常有名的，不是因為他特別優秀，而是因為他特別多情。這個男人確實長得很帥，也特別會討女人歡心，但是，卻永遠不能鍾情於一個女人，是個典型的花花公子。

Dana沒有明白一個道理，花心的男人永遠都是花心的，就彷彿張愛玲的小說《紅玫瑰與白玫瑰》中所描寫的那樣：「在男人的心目中有兩種女人，一種是紅玫瑰，一種是白玫瑰。得到紅玫瑰的，白玫瑰則成了床前明月光，可望不可及，紅玫瑰則成了牆上的蚊子血；而得到白玫瑰的，紅玫瑰成為心中永遠的朱砂痣，白玫瑰則成為衣服上的飯粒……」他們永遠不知道滿足，永遠將目光停留在還沒有得到手的女人身上。

果然，沒過多久，Dana的笑容轉而成為了悲傷的哭泣，因為那個男人又另覓新歡了。Dana心裡當然接受不了，朋友都勸她放手，可是，她還是糾纏著那個男人不願意放手。至於那個男人，不愛就是不愛了，有了新歡之後，他對Dana的態度則是一百八十度大轉彎，最後甚至還對其惡言相向，只希望她能夠離開自己！

最後，Dana不得不帶著一顆受傷的心黯然離開了。但是，人生就是這樣，失之東隅收之桑榆，上帝為你關上一扇門，必然還會為你打開一扇窗。就在Dana離開那個男人不久後，就遇上自己的真愛，真正的白馬王子。此後，Dana逐漸走出了受傷的陰影，微笑又重新回到了她的臉上。

Dana說：「當時的我真是昏了頭，竟然為那樣的人傷心欲絕，真是不值得。多虧他不愛我了，否則我難以想像我如果真的嫁給了他，生活會過得如何糟糕呢？我還得謝謝他呢！讓我知道了如何放棄不該擁有的愛，也慶幸我放開了他，否則我怎麼找到我的真愛呢？」

我們也應該為Dana感到慶幸，慶幸她放手了，如果她真的不放手，最後的結果會是什麼呢？不僅遇不到自己的真愛，恐怕還會繼續守著折磨。

對於那些本來不該屬於你的愛情，該放手就放手吧！那樣的愛不值得執著，更加不值得珍惜，與其讓自己受傷害，還不如痛痛快快放手，帶著微笑去尋找真正屬於你的愛！

不愛，就放手

有句話叫做強摘的瓜不甜，勉強得來的愛情自然也是不會快樂的。

既然愛情不在了，那麼為何不放手呢？

既然愛情已經讓你不快樂了，為何還要執著呢？

我們需要的生活是什麼樣的呢？不就是希望自己快樂幸福嗎？愛情應該給我們帶來更多的微笑，而不是痛苦，與其痛苦，倒不如乾脆放手。

既然不快樂，也不幸福，那麼，愛情就沒有保留的必要。

愛情就是這樣，它來得快，走得也快，你想要伸手挽留它，可是，它卻漸行漸遠，絲毫不給你挽留的機會。有的人，他們之所以能夠果斷放手，不是因為他們鐵石心腸，而是他們看透了愛情的本質，他們寧願忍受著痛苦的分離，也不想做愛情中的弱者！

其實，放手就放手吧！放手又有什麼大不了的呢？這個世界上，即使你離開了他，你依舊可以微笑；你依舊可以和朋友談天說地……你的生活不過是僅僅少了一個人而已！

果斷放手吧！人生短暫，何必讓自己痛苦，試著給自己一個微笑，讓那不值得的愛情隨風而逝！

傷己，也傷人

既然沒有了感情，既然對方已經不愛你了，為何不放手呢？不放手，既傷害自己，也傷害他人！

你不願意放手，你苦苦糾纏著對方，你就開心了嗎？

世界上最累人的愛是什麼？那就是對方不愛你，你卻糾纏不放。

傷人傷己只會讓自己的微笑減少，痛苦增加！對方不愛你了，即使你再如何努力，對方又怎麼會對你好呢？你的糾纏不過是增加他對你的厭惡而已！這樣的結果，無疑是兩敗俱傷，你難過，他痛苦！

不要勉強任何人的愛！

真正的愛應當是兩情相悅、心心相惜的！愛情裡難免受傷，我們難免被他人傷害，但是，這些都不重要，重要的是你是否能夠看清愛情，是否能夠果斷放棄一段不該有的愛情。

放手了，那麼收起傷心，藏起悲痛，讓微笑重新回到臉上，或許在轉身的那個瞬間，真愛就出現了！

真愛就在不遠處，為何不轉個身

什麼樣的愛情才值得我們去執著？

什麼樣的愛情才值得我們去珍惜？

真正的愛情其實沒有那麼多感天動地，也沒有那麼多海誓山盟，或許平平淡淡，只要彼此之間一個微笑、一個手勢，都能互相理解對方的意思！這樣的愛情才會讓你更快樂！

想要尋找真正的愛情，其實並不難，每個人都有屬於自己的愛情，只是有時，我們只看到眼前那個不值得珍惜的人，反而忘記了轉個身去尋找那個真愛！放手愛情，不是讓你從此不再相信愛情，而是要去尋找真正屬於自己的愛情，找尋那個屬於你命中註定的那個人。

緣分是一個很神奇的東西，當你苦苦找尋的時候，它或許始終不會出現，但是，當你不再在意的時候，它反而會突然來到你面前。很多時候，我們總是將目光盯著眼前的那一片天地，只看到眼前有一棵高大的樹，反而忽略了身後一大片的森林。只要森林還在，我們的愛情就在，我們的微笑也就不會遠離！

換個角度看愛情，愛情自然來到你身邊！

放手也微笑

愛情已成往事，即使苦苦留戀，它也不再屬於你。

真正的愛情是互相包容、互相吸引的，單方面的付出，只會傷害了自己！

其實，它就在那裡等你，只要轉個身，就會得到真愛的擁抱！

17

幸福，就是可以將緣分持續下去

每個人的相識都是一種緣分，緣分淺的人，短暫相聚後就分道揚鑣了；緣分深的人，則會相知相伴，做一輩子的情人。緣分是很奇妙的東西，能夠將緣分持續下去並不是一件容易的事情。幸福，其實就是緣分的持續，能夠擁有如此之幸福，豈能讓我們不微笑？

柏拉圖說：「走在一起是緣分，一直走下去就是幸福。」什麼是幸福？幸福就是兩個人可以將緣分持續到永遠！

我曾經遇見過一對老夫妻，兩個人都已經年屆古稀，可是他們之間的關係讓我們年輕人看著都羨慕。

第一次見到老夫妻，我就被他們的神態吸引了。兩個人和年輕人一樣牽著手走，不時輕聲說著什麼。每當遇到崎嶇不平的地方，丈夫都會善意提醒妻子，讓妻子慢慢走。而妻子的神情有時則如少女一般，竟然還會嬌羞，還會向丈夫撒嬌！後來，我主動和老夫妻聊天後，才真正懂得了什麼是相濡以沫，什麼是幸福！

老夫妻已經在一起生活將近五十年了，在這幾十年的風雨歲月中，他們之間也曾經有過吵鬧、有過冷戰、有過紛爭，甚至有的時候還會因為一些生活瑣事而鬧分手。但是，無論他們之間有過多麼激烈的爭吵，最終的結果總是會重歸於好。就這樣，他們在甜蜜中伴著坎坷一路走到現在。

隨著年紀的增大，他們之間的吵鬧依舊沒有減少，可是，卻沒有了年輕時候的激烈，有的時候，他們甚至會將吵鬧當成生活的樂趣，不時爭吵兩句。如今，老夫妻兩個人相依相伴，誰也離不開誰，在他們的心裡，已經沒有了彼此，因為兩個人已經融為一體了。

當我問到他們在一起幸福嗎？他們毫不猶豫地回答說：「當然幸福，能夠相依相伴幾十年就是最大的幸福了。我們希望今後還能一起走下去，一直到生命的盡頭。」

看著老夫妻幸福的笑臉，連我都感到一陣陣的幸福。

一輩子，我們會遇到多少人，我們會遇到多少事，可是，身邊總是有這麼一個人陪伴著，是多麼難能可貴！

有他在，無論到什麼時候，心中總是踏實的、安穩的；

有他在，我們的生活必然也會是快樂的；

有他在，無論生活多麼艱難，我們也能撐過來！

如果你擁有了這樣的幸福，那麼，你也就多了一個微笑的理由。

緣分，這麼神奇

大千世界，芸芸眾生。為什麼有的人相識卻又錯過，有的人雖然擦肩而過卻還可以再聚首？

緣分是什麼？緣分就是冥冥之中讓你們相識相知的吸引力，有緣分的人，才可以走在一起。其實，這就是緣分。

而那些有緣無分的人，即使在一起了，也未必能夠走到盡頭！

緣分是一種力量，在這種力量的牽引下，即使在茫茫人海中，你也能夠一眼就看到他。緣分是不受人們控制的，有的時候，在某個不經意的瞬間，緣分就會悄然來到你身邊。但是，有的時候，即使你緊追慢趕，緣分卻始終不會降臨。因此說，緣分是不能強求的，該來的緣分終究會來，不該來的緣分，即使請求也留不住！

我有一個朋友，每次談到他和妻子相遇的過程，都會感嘆一下緣分的神奇。有一年，朋友獨自去旅行。在爬山的途中，他遇到了一個獨自旅行的女孩子，兩個人因為都是單獨出行，就相伴而行，互相照顧了起來。爬山結束後，他們並沒有留下任何聯繫方式，就這樣告別了。當時，兩個人並沒有在意對方，他們都認為在旅途中認識的，不過都是匆匆過客而已。誰知，兩天後，在距離上次地點一百多公里的另一個山上，他們再次相遇了。這次的相遇讓兩個人都感到意外。於是，他們就這樣開始相識，最後相知成為了伴侶。

緣分就是這樣神奇，有的時候，你根本不在意，可是它卻悄然降臨了，即使你躲也躲不掉。而生活中能夠讓你微笑的理由，大概也是如此，每一個不經意的瞬間都可以讓你揚起微笑，比如緣分悄然降臨了！

緣分上門請珍惜

有的時候，緣分就在你面前，可是你卻不知道，最後你兜兜轉轉，繞了一大圈子，才發現又回到了原地。這就是緣分。

相遇的人是緣分，但是，緣分到底能夠持續多久卻是我們不可掌握的，或許那些你以為可以陪伴一輩子的人，會在某個瞬間突然離你遠去，你們的緣分就此戛然而止；或許你認為不可能的那個人，卻始終對你不離不棄。

緣分來了，就請珍惜那個人，即使以後陰錯陽差再次聚首，恐怕也不是當初那個味道了！緣分來了，我們自然應該微笑；但是，緣分沒有了，我們也不能黯然以對，既然緣分不可強求，我們不如微笑等待！

緣分就是一種宿命，是你的緣分，冥冥之中始終是你的；不是你的緣分，強求也不來。佛說：前世五百次的回眸才換回今生的擦身而過。即使連擦身而過都需要緣分，更何況我們需要相識相知呢？即使緣分沒來，我們也沒有失去微笑的理由，因為緣分就在不遠處！

愛情，可以說是上天製造的最美相遇，在這種力量的促使下，你和他會產生共鳴，如果緣分持續下去，他就是相伴你一生的人！

一份持續下去的緣分，一個簡單的幸福，一個不需要給理由的微笑！

學會欣賞對方

你和他有緣分，但是，卻不要踐踏你們之間的緣分，緣分被蹂躪後，也會不堪重負。珍惜你們之間的那份緣！能夠做到欣賞對方的人，是珍惜緣分的人，同時也是珍惜微笑的人。因為懂得他人，所以他們煩惱更少，微笑更多！

用欣賞的眼光去看待對方，你就能夠坦然面對他，無論他的好、他的壞你都可以欣然接受；用欣賞的眼光去看待對方，即使他有諸多讓你不滿意的地方，你也不會介意；用欣賞的眼光去看待對方，其實也是在包容自己，容他人者自然能容天下。

世界上沒有完美的人，即使那個曾經讓你怦然心動、神魂顛倒的人，在某一時刻也會呈現出讓你不滿的一面，因此，要學著去欣賞對方，包容對方的優點和缺點。如此這般，緣分才不會斷掉，生活中才會有更多微笑的理由！

緣分要持續下去，就需要你和他的共同努力，兩個人在一起是緣分，走下去就是幸福。能夠讓緣分持續下去，才是我們真正需要做的！

惜緣也微笑

幸福很簡單，就是和那個懂你的人相伴一生！

緣分不需強求，某個不經意的瞬間它會悄然降臨！

學會欣賞對方，從欣賞中感受他人的好，從欣賞中感受他人的愛！

18

初戀，那份近乎遺忘的青春

初戀，是情竇初開的我們對愛情美好的嚮往，或許羞澀、或許懵懂、或許純真。初戀，是我們青春的見證，也是我們最單純、最簡單的愛。或許你的初戀早已逝去，但是，卻永遠留在了心靈深處，那份讓人難以忘懷的懵懂情懷是每個人都不能錯過的美好！

初戀，被視為一生最好的愛情，情竇初開的少男少女，懷著對愛情美好的嚮往走在一起。他們或許不懂得真正的愛情，卻永遠保留了對愛情

的純真。

我的初戀發生在國中時期，那個時候我只有十七、八歲。那個年紀的男孩都對漂亮又有才氣的女生沒有抵抗力，我自然也不例外。當時，我們年級有一個才貌雙全的女孩子，是很多男孩子心目中的夢中情人。對於這樣的女孩子，我自然也是嚮往的，可是，追求她的人太多了，而且那樣美麗又聰慧的女孩子也確實讓人望而卻步的。

但是，上天就是這樣，不知道是故意捉弄人，還是巧合，我們兩個竟然同時被選中代表學校去參加一個數學競賽。因為參加競賽的人只有我們兩個，於是，我們之間的交往和交流就多了起來，常常是放學過後還會在一起複習功課。

在準備比賽的過程中，我的心情既激動又忐忑，能夠這樣和她單獨相處，我覺得我很興奮，同時也覺得很幸運。隨著瞭解的深入，我發現她並沒有那些漂亮女孩子的高傲，反而很隨和，於是更加喜歡她了。

競賽結束後，我們就成了好朋友，交往越來越深厚，她是我的紅顏知己，而我則是她的藍顏知己。

沒有轟轟烈烈，沒有海誓山盟，有的只是我們之間純純的感情。

多年後，我們再次見面，兩個人之間已然沒有了那種心動的感覺，有的只是對當年的回憶以及對純真情感的羨慕。

那個時候的愛情並不是真正的愛情，不過是青春的紀念物，也是我們留給青春最好的證明。也之所以有了這樣的經歷，才讓我的青春沒有白白浪費，才讓我今後更加明白愛情的含意！

初戀，是美好的，也是永恆的。我們不妨將這份美好放在心底，在我們閒暇的時候拿出來回味一下，讓自己也多一個微笑的理由！

人生最美好的時光

青春，是人生最美好的時光。

那個時候的我們，單純、青澀、無憂無慮；

那個時候的我們，可以肆意的放縱；

那個時候的我們，敢做敢闖；那個時候的我們，可以無病呻吟、可以強說愁……

青春，猶如是一場盛大的宴會，在宴會上，我們盡情歌唱、盡情跳舞。

青春，是不甘寂寞的，總是有著這樣那樣的宏偉事蹟發生。

青春，或許是激進的，我們也會犯下一些可以原諒的錯誤。

青春，或許帶著那麼一點點小憂鬱，但是主旋律卻是快樂的。

回味青春，我們總是會禁不住微笑，因為那個時候的微笑根本不需要理由，即使傷心，嘴角的微笑也不會離開！

青春的我們，最嚮往的是什麼？恐怕就是愛情。青春的心開始悄悄萌芽，我們的思想和心靈也在成長。在對未來的憧憬中，愛情成為了其中很重要的一部分。

青春懵懂的心蠢蠢欲動，都想要品嚐一下愛情的滋味。愛情到底是什麼？這恐怕是很多年少的我們心中最大的疑惑。為了揭開答案，我們開始不斷看那些有關愛情的影集和小說，從那些影集和小說中，我們看到了愛情的美好和痛苦。於是，初戀就產生了！擁有了初戀的我們，開始品嚐愛情的滋味。初戀給予我們的大多數是甜蜜，兩個人在一起，得到的是一個人無法超越的共鳴。

多少年以後，當我們遇到真正愛情的時候，為何還會對初戀念念不忘呢？那是因為初戀單純到只有愛而沒有其他任何雜質。

初戀是青春的紀念，擁有了初戀的青春才是讓人回憶不斷的時光！如今，初戀雖然已經遠去，但是，我們也不妨偶爾回想一下，在回味甜蜜的時候，也給自己一個微笑的理由，讓生活多一點快樂！

回不去的初戀，青春的印證

初戀是一份回不去的感情。

人生中的匆匆過客很多，能夠成為戀人是緣分，緣分是否能夠走到盡頭則看修為。既然兩個人沒有這個修為，何必去苦苦勉強自己。到頭來，傷心的反倒是自己。與其如此，倒不如灑脫一點，給自己一個微笑，留一份美好在心裡！

初戀是美好的，我們有的時候難以割捨，但是，初戀也不是長久的，是容易夭折的。既然初戀已經不在了，我們就將初戀當作是青春的見證，偶爾偷偷回味一下，豈不是更好！

回不去的初戀也微笑

初戀這件小事，有人歡喜，有人憂愁，無論傷心還是甜蜜，都是一份重要閱歷！

初戀，是一份回不去的愛情，不妨深埋心底，留住那份美好的回憶，也給自己一個微笑的理由！

19

錯過，就換個地點等愛情

有的時候，我們執著於一個地方，想要等待命中註定的那個人出現。可是，命運卻偏偏捉弄你，你等的人出現的時候你卻不在。既然我們已經錯過了這個地方的，不妨換個地方等待，說不定愛情很快就出現！

愛情是一個老話題，對經歷過愛情、邁入婚姻的人們來說，愛情已經滲透到了親情中，生活雖然平淡，但是，卻也相濡以沫。對於那些沒有經歷愛情的人，他們或許還沒有愛情的真諦，也或許在愛情邊緣徘徊著，尋尋覓覓，尋找那個可以給自己愛情的人。

聊天中，一個朋友說：「愛情無非就是在對的地點、對的時間遇上了對的人，所以才有了兩個人的愛情。如果地點、時間都不對，那麼，即使兩個人再相愛，恐怕也難成姻緣。」

愛情確實是講究天時、地利、人和的，錯過任何一樣，都可能功虧一簣。

我的一個好友 Dean 就是這樣。在他出國留學的時候，認識了一位女孩，他們兩人一見鍾情，很快就墜入了愛河中。郎有情、妹有意，照道理說，兩個人也已經差不多到了談婚論嫁的年齡。但是，一個很現實的問題卻擺在了他們的面前。Dean 學業結束後，按照自己的意願和家人的要求，他想要回國發展。但是，女孩全家已經移民到了國外，即使她想要回去，家人也不同意，再者，她十幾歲到國外，已經習慣了國外的生活。

當愛情遇上現實，兩個人也陷入了痛苦中，該何去何從呢？Dean 捨不得深愛的女友，但是，卻也不想留在國外，更何況，他覺得國內更適合自己發展。女孩自然對 Dean 也是依依不捨，但是，她卻是一個戀家的女子，她心裡不願和家人分開。就這樣，兩個人僵持著，最後，Dean 還是選擇了回國。回國後不久，兩個人就結束了愛情。

對於這段愛情，Dean 總是說，無非就是沒有在對的地點遇到對的人，我雖然愛那個女孩，但是，也只能將她當作生命中的過客，愛情終究抵不過現實，有情飲水飽也不過是小說中的橋段而已，錯過的愛情就錯過吧！

愛情也是會欺騙人的，不是每段愛情都會有結果。

當我們錯過了一段愛情，倒不如瀟灑地向對方說再見，換個地點等待你的愛情。對於那段錯過的愛情，我們也不妨微笑以對，用微笑來結束那段不屬於自己的愛情！人生對於愛情的安排總是公平的，每個人都會找到屬於自己的那份真愛。所以，不要因為錯過的愛情而失去微笑，而是要給自己一個微笑，換個地點再次等待你的愛情到來！

不是每個地點都可以等來愛情

在愛情的世界裡，總是有那麼一群人，他們很執著，或許為了一個人他們可以等上一生一世，或許他們就堅定只有在某個地方才會出現自己的愛情。於是，他們就等啊等啊，尋尋覓覓，最後不僅一無所獲，還被愛情折磨。

在愛情的世界中，人們是需要執著的精神，但是，卻不需要固執。固執的愛情往往會給自己帶來壓力，而執著的人則只是在等待屬於自己的愛情。每天每個地方都會有愛情上演，但是，並不是每個地點都會上演你的愛情！

愛情是需要緣分的，也不是每個地點都可以等來你的愛情。

我們何必苦守一個地方？換個地點來等待，或許你愛的那個人很快就可以出現。

對的地點，對的時間，對的人

如果我們不能在對的地點、對的時間遇上對的人，即使再心動，那個人也不屬於你。

或許你會想，為何別人這麼幸運，自己則沒有這麼幸運呢？

生活有的時候是很戲劇性的！人們的緣分是最奇妙的東西，有的時候，你和那個他或許只差了〇．〇一毫米的距離，卻沒有能夠牽手成功。〇．〇一毫米的距離，看似微不足道，但是，正是因為你們之間的這絲毫距離，讓你們成為了擦肩而過的兩個人。或許你會感到惋惜，或許你會覺得是上天對你的玩弄，但是，你要記住的是──任何人的緣分都是註定的，既然你們相差了〇．〇一毫米的距離，正是說明你們的緣分還不足以讓你們彌補這〇．〇一毫米的距離。

早一分太早，晚一分太遲。

愛情就是這樣，除了沒有在對的地點，更重要的是你們愛的時間不對。相遇太早了，你們完全不懂得珍惜彼此，也或許你們還沒有到懂得愛情的時候；相遇太晚了，你們或許已經有了彼此的歸屬，或許經過時間的磨礪你們已經不再適合對方。

要想在時間和空間的荒野中，在對的時間、對的地點遇上對的人，那麼，就是我們最大的緣分。只是更多的時候，我們都是在不斷錯過，錯過了春花，又錯過了秋月。因此，遇到對的人是幸福的。當你遇到他時，一切的浮華就會褪去，你的世界會變得歲月靜好（註1），幸福也將經常伴隨在我們身邊，微笑也會重新回到你的生活中！

對的地點，對的時間，對的人，便是一切的幸福！

錯過也微笑

在對的地點、對的時間遇上對的人，才是屬於我們的愛情！

愛情就是在不斷地錯過、錯過，然後，換個地點等愛情！

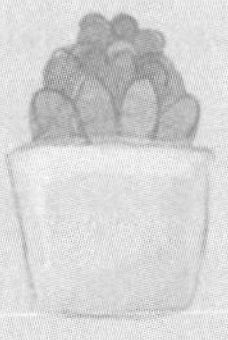

註1：歲月靜好：為胡蘭成在與才女張愛玲結婚時，於婚書上撰寫的文字：「胡蘭成與張愛玲簽定終身，結為夫婦。願使歲月靜好，現世安穩。」句中透出作者寧靜、恬淡的生活態度。不願置身於利慾之中，一種和諧的認知態度。意思是生活平安寧靜為好，現在安定健康為佳。

20

暗戀，不妨在心中留下一份美好

你喜歡他，可是卻不敢靠近他。你就這樣遠遠地看著對方，將心中的愛深深隱藏起來，默默關注著對方。

有這樣一種愛，從來不打擾對方，從來不會有人知道，只是將這份愛放在心底，遠遠地看見他，你就會很滿足。這就是暗戀。暗戀，是一種不求回報的愛，只要對方過得好，那就是最大的初衷！

最近，Jay總是悶悶不樂的，還有點患得患失。有的時候，可以看見他站在大樓的窗邊發呆。一次，我跑過去問他怎麼了。誰知道，他竟然有些不知所措，結結巴巴回答說：「沒什麼，沒什麼。」

看著他驚慌失措的樣子，我既感到滑稽也有了幾分疑惑，這傢伙肯定是有什麼事情藏在心底呢！

原來，Jay 陷入了戀愛中，他偷偷喜歡上了樓下的一名女職員，怪不得 Jay 每天魂不守舍的，原來是戀愛了。可是，很長時間過後，Jay 也沒有去表白。

後來，Jay 說：「我是很喜歡她，剛開始我沒有勇氣表白，因為她長得太漂亮了，我擔心自己會遭到拒絕。後來，我終於鼓足勇氣想要表白了，但是，我卻發現她已經有男朋友了，而且快要結婚了。既然這樣，我幹嘛要打擾人家呢？還不如在心裡偷偷祝福她就好了。如果我表白了，也只是給她增添煩惱而已。只要她過得好就行了。」

原來如此，看來 Jay 的這次戀愛只能稱之為暗戀，還沒有開始就結束了。雖然暗戀是痛苦的，對方一點也不知道，但是，暗戀者卻表現出了非凡的氣度，正是因為不願意去打擾人家，所以他只能在心中默默祝福對方。

我想，被人暗戀應該是幸福的，雖然你可能不知道，但是背後卻有一個人在默默關注你、祝福你！暗戀者或許是痛苦的，但是也應該是幸福的，因為這個世界上能夠有一個讓你動心的人也是難得的，雖然不能得到，但是，心中有了這份美好，我們是不是也應該微笑一下呢？

這個世界上有很多戀情，不是我們所能控制的，有的時候，我們愛上了一個人，可是卻不能得到，既然如此，我們就將暗戀繼續進行下去，不要打擾對方，以君子的姿態祝福對方，反而會讓我們更快樂！

暗戀是一個人的戀愛

有沒有這樣一個人，教會了你如何去愛，可是，卻從不知道你的存在，更加沒有愛過你；有沒有這樣一個人，你放不下，可是卻又無法接近，只能在深夜或者無人時分默默想念；有沒有這樣一個人，你從心底希望對方幸福和快樂，即使你痛苦著；有沒有這樣一個人，你見到就會心跳加速，但是卻還是要裝作無所謂的樣子……

暗戀是一個人的戀愛，和他人無關。愛情是奇妙的，有的時候，只要一眼，你可能就再也忘不掉那個人了；愛情也是不能強求的，很多時候，雖然你愛，可是卻不能擁有。

記得有一個朋友，當年有兩個男人同時愛上了她，她選擇了其中一個。結婚後，喜歡他的那個男人雖然沒有再說一些愛情之類的字眼，可是生活中，他卻經常出現。每當朋友生日、生病、過節日，那個男人總會送禮物給她，一直關心她。

有的人說這個男人真癡情，對女人真好。但是，這樣的做法難道沒有打擾到女人的正常生活嗎？雖然他保持著君子風度，沒有拆散別人家庭的意思，難道他這樣的做法沒有給他們帶來困擾嗎？既然沒有得到，又何必去打擾呢？暗戀本身應該保持君子風度，不要給對方增加愛的負擔。

暗戀，如果不能表達出來，那麼，我們就將這份情感埋在心底，一個人默默感受那份愛，一個人默默祝福對方！痛苦歸痛苦，只要有那份美好在心中，我們就應該微笑起來！

暗戀，讓我們享受那份孤獨

暗戀，是一個人的戀愛，註定是孤獨的。

暗戀者，必然有著一顆孤獨的心，在深夜裡，只要想起那個人，就會感到寂寞無言。暗戀者，只能將這份執著的感情放在心中，默默關注著對方的那雙眼睛。

暗戀，既然是孤獨的，是一個人的事情，那麼，不妨讓我們去享受那份孤獨吧！用自己的孤獨去默默祝福對方，將這份美好留在心間，不要讓那些所謂的表白破壞了這份美好感！

每個人都會有暗戀的經歷，都會有那麼一個讓你怦然心動的人，但是，不管如何地思念，卻始終沒有成就一份互相的戀愛。這樣的愛情，不經意間就讓某個人住進了你的心裡，在戀愛中出現的橋段始終沒有發生。

不會有完美的浪漫邂逅，也不會有互相流盼的感情交流，甚至於對方根本就不知道還有這樣一個人愛著他的人。這樣的愛情，就被隱藏在心中，一見鍾情、淡淡牽掛，總之，你的愛只有你自己知道！

暗戀，就好比是浮雲一般，時隱時現，暗戀者的心情也隨之波動。有了表達的衝動，但是，卻不敢表達出來。想要獲得這份情感，卻沒有機會。

這樣一種純粹的感情，只能隨著雲朵飄盪、飄盪。隨著時間的流逝，當那個被暗戀的人不再出現，你的愛也將無法複製，此時，你就該將這份愛收藏起來，埋在心中、留給回憶！

愛是沒有理由的，但是，我們卻是理智的。即使有了愛的種子，沒有陽光、空氣、水的滋養，愛也是不能夠發芽的。暗戀就是這樣，雖然有了種子，但是卻是一份不能發芽的愛情，因此，我們可以將這個種子留在心底，時常回味一下足矣！

愛在距離中

暗戀是一種距離產生美的戀情。

有的時候，你想要和對方說上幾句話，在你還沒有鼓起勇氣的時候，他已經揮手告別了。即使很傷心，可是，他轉身離開的身影都讓你覺得美好！

暗戀者應該是幸福的，因為他們總和心儀的那個人保持一定的距離，他們的眼中看到的總是美好的。就在這遠距離中，總是能夠感到一陣陣的溫暖。

其實，暗戀也是最輕鬆的一種戀愛，因為不需要付出很多，只要遠遠看著對方。他不會對你提出任何要求，也不會向你索取，你的愛毫無其他累贅，只要你心裡有對方，一切就夠了！

如果說，戀愛是紅色的、熱情的，失戀是灰色的、冷漠的。那麼，暗戀或許就是藍色的，明快中帶著一點點憂鬱，雖然不那麼豔麗，但是也不至於沒有溫暖。

誰說暗戀就一定要痛苦呢？有了這樣一份距離美存在，我們的生活就不應該缺乏微笑。我們應該用微笑來面對暗戀這件事，因為你的微笑，暗戀也將成為一件美麗的事情！

暗戀也微笑

暗戀好比是一杯清酒，沒有多少苦澀，卻也能夠給予些許溫暖！

暗戀的人註定是要孤獨的，那麼，就去享受這份孤獨，保留住愛的美好！

不要打破暗戀的美好，放在心底，將美好留在回憶中！

Chapter 3

俯拾溫暖心田的瞬間

21

母親的嘮叨，是對你最溫暖的呵護

世界上最偉大的愛是什麼？不是海枯石爛，不是地久天長，而是母親的愛。母親的愛，最無私，最不求回報。母親的碎碎唸則不要厭煩，不要躲避，要知道，擁有一位碎碎唸的母親是多麼地幸福……

那天和同事們一起聊天，一位剛畢業的男孩說道：「我最近煩死了，我媽媽每天都唸我，早上怕我遲到，總是很早叫我起床，吃早飯的時候還說這說那，晚上回到家，也總是唸個沒完沒了。等我賺夠了錢，我一定第一時間搬出去，我實在忍受不了她了。」

一部分同事附和說：「是啊，我媽也是這樣，看來碎碎唸是媽媽們共同的特點啊！」

我聽了他們的話，感慨地說：「唉，你們這些人啊，真是身在福中不知福，你們哪裡知道，媽媽能夠在身邊碎碎唸也是一種幸福呢！」

他們很不解地看著我，似乎我是外星人一樣。可是，他們這些一直住在家裡的人，哪裡能體會到「獨在異鄉為異客，每逢佳節倍思親」的感覺呢！

自從上大學後，我就離開了家鄉，離開了媽媽的懷抱。剛開始的時候，我以為我可以自由飛翔了，可是時間久了，我卻發現自己心底最在乎的地方還是家，最在乎的人還是父母，他們始終是我最大的牽掛。

記得有一次，我回家探親，一進門，媽媽就開始唸我，晚上到很晚她還拉著我不停地問這問那，剛開始我還應付著，後來我也有點厭煩了。此時，父親看出了我的情緒，就安慰我說：「你就讓她說吧！你不在家，她連個說話的對象都沒有。」

原來，她將自己對兒子的愛都傾注在了碎碎唸上。

母親的碎碎唸，看似平凡，可是卻飽含著對我們最大的愛。如果你擁有這種愛，請珍惜。

因為有了這份愛，你的世界也將變得溫暖起來。

因為有了這份愛，我們還有什麼不微笑的理由呢？

是的，只要有了這份愛，我們的世界也應該是充滿微笑的。

碎碎唸——媽媽表達愛的方式

你或許會厭煩，也或許會無奈，但是你必須知道，媽媽的碎碎唸其實是世界上最優美的語言。碎碎唸似乎是天下母親共同的特點，每一位母親似乎都具有極強的語言天賦，她們對我們的碎碎唸無所不包、無所不含，可以從我們的衣、食、住、行延伸到學習、工作。只要母親在身邊，聽碎碎唸似乎就是我們的必修課。

你有沒有想過，媽媽為什麼會碎碎唸呢？其實，這是她表達愛的一種方式。

媽媽對子女的愛，總是瑣碎的、溫情的，她會在生活的各方面關心你、愛護你，但是，她卻總覺得對你的愛表達得不夠，因此，她就將自己的愛化為了一句句的碎碎唸。母親不再唸你，說明她已經不愛你，也或許說明她對你已經心灰意冷。你難道希望自己的母親變成這樣嗎？

其實，我們應該感謝母親，感謝她能夠給予我們如此多的碎碎唸。

珍惜每一聲碎碎唸

人都有這樣的心理，如果是每天發生在身邊的事情，我們往往不懂得珍惜，甚至會忽視，會厭煩，一旦那些事情遠離了我們，我們卻會覺得惋惜，會覺得痛心。對於母親的碎碎唸，同樣如此。

我們的母親，她們或許不是偉大的人，她們或許沒有多少文化，她們或許長得很普通，可是，這些統統影響不了她對你的愛。而對你來說，任何人的愛也是和母愛無法相比的。為什麼世界上有那麼多歌頌母親的詩歌，就是因為母愛是任何愛無法超越的。母親給予了我們生命又給予了我們靈魂，教會了我們如何去愛，如何去感受這個世界。母親對孩子的愛，總是心甘情願的，總是無私的。

為了孩子，母親可以義無反顧；

為了孩子，母親情願犧牲自己；

為了孩子，母親可以承受任何苦難。

有母親的人，總是幸福的，因為有母親在，我們的心靈總是滿足的，再苦再累我們也能微笑起來！

無論什麼時候，我們在母親面前都是一個孩子。我的一位朋友，母親突然離世了。他接受不了事實，直到半年後才緩緩恢復。後來他對我說：「真羨慕你，最起碼你還可以回家看媽媽。而我呢？你不知道，母親剛剛離去的時候，我感覺我成為了孤兒，沒有了她，我似乎連根都沒有了。以前的我不喜歡聽她碎碎唸，如今，我再想聽一聽卻沒有機會了。樹欲靜而風不止，子欲養而親不待，世界上最大的痛苦也就莫過於此了吧！」

母親是這個世界上獨一無二的人，誰也無法代替，失去母親的痛苦只有自己明白。不要以為母愛是無窮的，一旦有一天沒有了，想挽留都來不及！

有母親在，你就是一個幸福的孩子！只要想起母親的嘮叨，我們便能夠時刻揚起微笑！

老媽碎碎唸也微笑

母愛是世界上最無私的愛，為了孩子，可以付出一切！

碎碎唸不過是一種愛的表達方式，能夠聽到媽媽的碎碎唸無疑是一種幸福！

愛母親的方式很多，理解她卻最重要！

22

父親的沉默，恰是最深沉的愛

在家庭中，父親往往扮演著嚴肅、認真的角色，甚至很多時候，父親是沉默的。父愛沒有母愛的細膩、柔情，但是，正是在這沉默中，包含著對孩子最寬容、最深沉的愛。

有天在逛商場時，看到商場正在舉辦活動，標語寫著「父親節到了，你送父親禮物了嗎？」父親節？印象中，似乎父親節並不受人們的重視，相對於母親節的熱烈，父親節似乎只能用慘澹來形容。

在概念裡，對母愛的感受似乎也多過於父愛。母愛是張揚的，一個母親對孩子的愛總是溢於言表，舉手投足間都是對孩子的愛。父親則不同，父親的愛是沉默的愛，不言語、不表達，但是，父愛並不比母愛缺少任何份量，沉默正是父親表達愛的一種方式。

這樣的愛，不僅深沉，也是我們生命中堅強的動力。

有了父愛，我們不僅多了一份愛，更多了一個微笑的力量！

記憶裡，對父愛最深的印象，應該是我在十九歲的那一年。那年的我，高中畢業，考到別縣市的一所大學，即將離家去讀書。正是青春年少的時光，我對外面的世界充滿了期待，每天都在等待著離家的日子，心情變得十分迫切。終於，出發的日子到了，一大早，我就興奮地醒了過來。原本打算一個人走，但我執拗不過父親，他堅持要送我到學校。於是，我們兩個人踏上了行程。

一路上，我和父親除了必須的交談外，沉默不語。我的父親就是這樣，在我面前總是保持著一副嚴肅的面孔。根本不像母親每天碎碎唸個沒完。在我成長的歲月中，父親這個角色，似乎就是嚴厲的象徵。假如我考試考砸了，肯定會得到一定的懲罰；如果我闖禍了，父親也會讓我寫下反省書；生活中的大決定，基本上也都要由父親來決定。在青春期的我，甚至還和父親發生了不少衝突，我很多次都想離父親遠遠的，不想被他束縛。

我站在校門口和父親告別，父親直愣愣地看著我，沒有任何語言，也沒有一個擁抱。他就那樣盯著我，讓我突然有種無地自容的感覺，父親這是怎麼了呢？就在此刻，我猛然發現，父親的眼中充滿了不捨和擔憂，就在父親轉身的一瞬間，我竟然看到了淚水。這一刻，我的心顫抖了，這還是那個嚴厲的父親嗎？看著父親遠去的背影，我第一次感受到了深深的父愛。

我似乎一下子長大了。

細雨濕衣看不見，閒花落地聽無聲

每一個父親都是偉大的，父愛在默默中形成了一種特殊的感情，或許你沒有感覺到，但是，父愛卻無時無刻不圍繞著你。「細雨濕衣看不見，閒花落地聽無聲」，這正是對父愛最真實的寫照。父愛就好比是細雨，雖然你有的時候看不見，但是，他卻默默滋潤著你，陪伴你成長，解決你的難題；父愛就好比是落花，雖然你聽不到，但是在那無聲中，父親卻默默奉獻了一切。

父愛猶如一把傘，可以永遠為子女遮風擋雨；

父愛猶如一條路，伴你走完人生的坎坎坷坷；

父愛猶如一盞燈，在你黑暗的時候為你照亮空間；

父愛猶如一汪清水，當你乾渴時，為你及時奉上甘泉；

父愛猶如一塊踏腳石，當你困難時能夠幫你一把！

有的時候，我們並不理解父親的沉默，不理解無言後面的愛。甚至還有些時候，我們會誤解父親，認為父親不愛自己。

其實，當你自己當了父母之後，你或許才會真正懂得父親的這種愛。大愛無聲，說得就是父親的這種愛。他不會將愛說出來，可是，他的愛卻絲毫不少。父親就是這樣一個不張揚的角色，他對你的愛勝過一切，可是，他卻從不會提起。

在我們成年之後，要用同樣的愛去回報父親。雖然我們的愛可能比不上父親對我們的愛，但是，我們也要盡自己最大的力量去愛父親，這也是我們的責任和義務！

那個叫父親可以依靠的人

母親給予了我們溫柔，父親給予我們的則是一個叫做安全感的東西。

從男女的角度來看，父親要比母親沉穩得多，在我們的成長過程中，父親教我們的往往是堅強、寬容、自信、自立、理智的概念。每當我們遇到抉擇和困難的時候，父親也往往會給予我們更多的寬慰和方向。所以，每當我們想起父親的時候，往往會感到很踏實，因為只要有父親在，我們就會有堅強的後盾。

記得我剛工作的時候，處處碰壁，始終找不到能夠讓自己落腳的地方。那個時候的我，迷茫、焦躁、憂慮、自卑，甚至有點自暴自棄。父親知道後，一向很少主動給我打電話的他，竟然主動打給我。通話的最後，父親說：「如果有困難，就告訴我！爸爸永遠支持你做的任何決定！」

我瞬間眼中充滿了淚水。

我很慶幸，在我人生每次重大抉擇的時候，都有父親在背後支持我。雖然，這個時候父親不能為我舖設陽光大道，可是，有了他的話，我的自信似乎又回來了。我知道，即使最後的最後我失敗了，我依然可以回到父親身邊，有父親做後盾，我害怕什麼呢？

人們最怕什麼？那就是沒有了依靠，既然我們有了父親這個無私的依靠，那麼，我們為什麼不去微笑面對生活呢？

我們大了，他卻老了

我們在不斷成長，隨著歲月的流逝，有一個人卻慢慢地在變老了，那就是父親。

小時候，父親就猶如一座山一般，那麼高大，讓人有種高不可攀的感覺。在印象中，父親永遠堅強有力，沒有任何事情可以打敗他。那個時候的我們，恐怕也永遠不會想到他也會老去。直到有一天，當我成為二十幾歲的青年時，當我獨立了，我才發現曾經在印象中高大的父親，腰部竟然也開始佝僂了。

曾經的父親很偉岸，可是，如今在我面前卻變矮了。

我們大了，他卻老了。

父親沒有了當年的風采，雖然還是嚴厲，可是卻帶著一點點的慈祥。

看著老去的父親，我的心開始有了變化。是的，父親呵護了我們一生，現在該是我們呵護他的時候了！烏鴉尚且知道反哺，更何況我們呢？

我問過父親，最希望我做什麼，父親吞吞吐吐了半天，只說出幾個字：「多陪陪我吧！」父親老了，他們為我們付出了一輩子，但是，他們不希望從我們這裡得到什麼，他們希望的不過是我們多陪陪他們而已。不要再為自己的忙碌找藉口，如果你愛你的父親，那麼，就請多抽出點時間來陪陪他。

父親用愛讓我們的生活中多了一點微笑，當我們有能力的時候，不妨也給父親一個微笑的理由，讓他們滄桑的臉上也要充滿笑容！

嚴愛也微笑

父愛好比春雨，潤物細無聲，早已滲透到了我們生活的角角落落！只要有他在，你就感覺踏實。這個人就是父親，也是永遠無條件支持你的人！你大了，他老了，不要嫌棄父親不再高大了，請抽出時間來陪他！

23

不管何時何地，都是無條件信任你

這個世界上，有沒有這樣一個人，不管在什麼時候什麼地方，他都會無條件信任你！他對你的信任，沒有絲毫的懷疑，沒有任何雜質。如果有這麼一個人，你無疑是幸福的，被人信任的感覺是美好的，而無條件的信任更是畢生難求！

這個世界上，能夠讓人感到幸福的事情很多，但是，最讓人心裡感動的，恐怕莫過於有那麼一個無條件信任你的人吧！這樣的幸福感，恐怕一生也沒有多少機會，但是，一旦擁有，生活也將充滿幸福和微笑！

我是一個幸運的人，因為我就遇到了這麼一個無條件信任我的人。

記得有一次，公司接到了一個新專案，要求我和另外一個同事分別拿出一個企劃案來。我絞盡腦汁用了一個星期的時間，終於將企劃案做了出來。對此企劃案，我十分滿意，我認為肯定能夠得到上司和客戶的讚賞。

就在我上交企劃案之後，我被上司叫到了辦公室。他遞給我一個資料夾，讓我打開看。我打開後，認真看了一遍。看過之後，我心裡大為吃驚，雖然說這個企劃案和我的略有不同，但是，整體的方向是一致的，就連一些小細節都相似，可以說，這個企劃案和我的企劃案是一模一樣的？這是怎麼回事呢？

上司告訴我，這是另一個同事昨天交上來的，他懷疑有人抄襲。我頓時愣住了，難道上司懷疑我嗎？因為我的企劃案比同事交得晚。頓時，我除了焦急就是心涼。焦急是因為這明明是我花費幾天幾夜做出來的，怎麼會成為抄襲的呢？而且極有可能是同事剽竊了我的企劃案。心涼是因為上司對我的不信任，我們已經共事多年，而且我還是他帶出來的，他怎麼能不信任我呢？

就在我腦海中的思緒一直在跑的時候，上司突然說：「其實，我是信任你的，以我們共事多年的情況來看，我相信這份企劃案是你做的。這件事情我不打算公開，但是，我會悄悄辭了那個同事。之所以告訴你，也是希望你以後警惕一些。」

聽了上司的話，我愣了一下，問道：「您為什麼信任我！」

上司笑了笑，說：「沒有為什麼，就是信任你。」

走出上司辦公室，我還一直在回味上司的那句話，「信任你」，雖然只有三個字，可是，卻讓我十分感動。上司比我大十歲，從我上班起就一直帶著我，在職場上對我頗為提攜，我也一直對他很尊重。但是，我沒有想到上司竟然如此信任我，這確實讓我很感動。以後，每當我想起這件事，都會禁不住微笑起來，有一個如此信任自己的人存在，我怎麼能不微笑呢？

有人信任你，就是幸福

被人信任的感覺是幸福的，有一個人那麼信任你，也是榮幸。現在社會中，人們之間缺少的恰恰就是這種信任，如果能夠有人如此信任你，你就應該更加珍惜。也因為有了這樣的信任，你才又多了一個揚起嘴角微笑的理由！

當然，如果想要他人無條件信任你，自然你要先讓對方瞭解你，而你也要尊重對方、善待對方。如果有個人非常瞭解你，對你有著極大的好感，那麼，信任感也就很容易產生了。因此，讓人信任的基礎還在於自己，如果自己做得不夠好，信任也是不存在的。

信任一個人，有時是靠感覺。但是，大部分的信任還是來自於瞭解。

能夠無條件信任一個人是需要勇氣的，因為你並不能確定這個人值不值得你信任，一旦他辜負了你的信任，不僅會傷了你的心，還可能會給你帶來一定的損失。有的人很想去相信他人，但是，他們看到太多為了一己私利而不惜出賣良心的人，甚至自己曾經就被辜負過。所以，如果想要被人信任，想要得到這樣的信任，那麼，首先你要相信他人，然後讓他人相信你；其次，要尊重他人的信任。這樣的生活才是幸福的！

不要辜負他人對你的信任

信任需要建立，也需要維護，一旦當你辜負了他人的信任，想要挽回就非常困難了。

在《狼來了》的故事中，放羊的孩子因為無聊，就假裝狼來了欺騙大家來幫助他；第一次大家相信了，上當了；第二次大家依舊相信了，又上當了；直到第三次、第四次……人們再也不相信他了。但是，不幸的是狼卻真的來了，任憑放羊的孩子大聲疾呼，也沒有人前來救他了。

雖然這是一則小故事，可是，卻深深反映出了人對人之間的信任。人們之間原本都是誠信的，但是，在你一次次欺騙下，他傷心了、絕望了，他覺得你辜負了他對你的信任，自然你也就不值得他的信任了。因此，當你真正需要他的時候，結果會是如何呢？他一定是不會再相信你了。

我的信任也曾經被人破壞過，那個時候，我還決定再也不相信任何人了。上大學時，大家都不富裕，一位同學總是以各種藉口向我借錢，剛開始我很大方借給他，因為我信任他，覺得他可能真的急需用錢，況且他還錢也很準時。可是，幾次過後，他卻只借不還。此時，我才從其他同學口中得知，他總是這樣，其實他借錢不過是去夜店瀟灑而已，根本就不是有急用。我聽了以後，十分生氣，再也沒有理過他，這種被人欺騙、被人辜負的感覺太難過了！

有人信任是幸福的，但是我們千萬不要辜負了他人對你的信任，不要丟棄了他人能夠帶給你的那些微笑！

信任也微笑

信任是一種感覺，請珍惜每一個信任你的人！

信任是有限度的，如果你一再辜負他人的信任，最後換來的可能就是信任蕩然無存！

24

你的生日，總有一個人記在心中

如果有一個人，每年都會記得你的生日，他總會在午夜準時給你發來祝福簡訊；他會為你精心挑選生日禮物；他還會在生日時給你驚喜；他會在生日時悄然出現在你身邊……這樣的溫暖，有沒有讓你感動呢？生活或許沒有熱情澎湃，但是，這樣小小的溫暖卻能夠讓我們永遠微笑下去！

一年之中總有那麼幾個特殊的日子，讓你希望有人陪伴。

生日，恐怕是一個人一年中最期待的日子之一。小的時候對生日的期待最強烈，因為到了生日那天，我們可以得到禮物、美食，家人和朋友還會給予祝福。

隨著年齡的增長，大家可能會對生日的慶祝越來越淡，甚至到了某個年齡後就不會再去刻意過生日了。小時候盼望著長大，如今長大後就不希望自己老去了。可是，不管你願不願意慶祝，生日總是一年中一個具有特殊意義的日子，在你的心裡是不是也希望總有那麼一個人能夠記住你的生日，在生日的時候給你送上祝福呢？

明天是君怡的生日，君怡準備舉辦一個生日 party，邀請了朋友們一起參加。Party 舉辦得很成功，大家吃得開心、玩得盡興。就在 party 接近尾聲的時候，突然有一個快遞送到。除了一個可愛的玩偶以外，還有一個錄音。拿到這份禮物，君怡將錄音放了出來，卻感動得閃起了淚水。

原來，寄來這份禮物的是和君怡從小一起長大的知心好友。她們已經認識二十多年了，一起長大、一起讀書。從君怡有記憶開始，每年的生日都缺少不了這位知心好友，即使後來這位知心好友出國了，也會在生日這天及時為她送上祝福。哦，原來是這樣，怪不得君怡如此感動。她感動的不是那些禮物和話語，而是知心好友對她的這份情誼！

君怡自己也說：「每年的生日，即使沒有任何人記得，我也不會感到孤單，因為，我知道她一定不會忘記。有她在，我會感到很溫暖。」

是啊，你的生日總有一個人記在心中，這是多麼讓人溫暖和感動的事情，因為不管如何，總有那麼一個人牽掛著你，你就不會孤單。生活還有什麼不幸福呢？生活還有什麼不能讓你揚起微笑呢？只要有這麼一個人存在，你就應該將微笑一直掛在臉上！

特殊的日子有特殊的人

生命中總有那麼一些特殊的日子存在，生日、結婚紀念日、戀愛紀念日、升學紀念日以及各種節日。在這些特殊的日子中，我們身邊是不是也總是有一些特別的人存在呢？

隨著我們年齡的增長，我們認識的人，猶如大浪淘沙般，會逐漸將一些人遺忘在沙灘上，但是，也有一些人則承受住了考驗，始終能夠在你身邊，陪伴著你。而這些人或許就會成為你生命中特殊的人。這些特殊的人，或許在平時看起來沒有任何的特殊，但是，到了一些特殊的日子裡，你卻總會想起他們。

生日的時候，可能會有很多人祝福你，但是，有沒有那麼一個人，總是能夠在你生日的時候及時為你送上祝福呢？如果有，那麼，這個人就是你生命中一個特殊的人。

在其他的特殊日子裡，你還會想到誰呢？誰還會想到你呢？結婚紀念日，特殊的人肯定是你的配偶，你們相識相戀，最後走入了婚姻的殿堂，經歷風風雨雨，度過一年又一年，或許每年的日子都是平淡的，可是，每一個結婚紀念日都值得慶祝，因為你們又共度了一年，你們依舊相互扶持，今後的路你們也將陪伴著走下去。

生活本身是平淡的，我們或許日復一日做著同樣的事情。而在這平淡的日子中有了特殊的日子存在，日子也將變得不再平淡，我們也就多了一些可以微笑的理由，生活也會精彩起來！

有人牽掛很溫暖

你有沒有牽掛的人？有沒有人牽掛著你？

牽掛是對一個人扯不斷的思念，被人牽掛是溫暖的。

有人牽掛著，總是幸福的。

牽掛雖然也是一種思念，可是，卻有著千絲萬縷的感覺，有種超越思念的含意。這樣的思念，似乎總是被人握在手中，唯恐哪一天不再思念你。牽掛著他人的感覺也應當是美好的，因為還有那麼一個人始終能夠讓你思念，無論何時，那個人總是存在的，只要想起，我們就能微笑起來！

或許你可能不明白牽掛中所蘊含的深深思念，但是，如果你有了牽掛的人，你就會明白這是一種如何的牽腸掛肚，對方的任何風吹草動都會讓你的心為之一顫。牽掛的感覺是強烈的，它不會隨著時間的流逝而變得淡漠起來。相反的，時間會讓牽掛越來越濃烈，就猶如深藏的窖子酒，雖然平時可能聞不到，只要一打開，必定會香氣逼人！

這麼多年來，我牽掛的人不少，牽掛我的人也有！但是，最讓我感動的是母親對我的牽掛。

母親對我的牽掛，可以說無所不及。生日還沒到，就開始為我準備禮物；知道我回家的日子，提前幾天就開始準備我喜歡的食物；每天的電話中總是噓寒問暖，在她的眼中我依然像個孩子一般。當我出現一點困難，她就恨不得馬上飛到我身邊，為我遮風擋雨。那份牽掛不是我所能回報的，我所能做的只是給予母親更多的關懷。而如此的牽掛，溫暖又幸福，又如何能讓我不微笑呢？

被人牽掛總是幸福的，因為無論何時何地，你知道總有一個人在關心你。也正因為有人牽掛你，你才會更加珍惜自己。如果要回報那個牽掛你的人，那就是好好愛惜自己，不要讓對方擔心。我想，牽掛他人也是幸福的，因為這個世界上還有那麼一個人值得你牽掛。牽掛，有的時候或許不是那麼明顯，沒有溢於言表，但是，只要心中有愛自然存在，微笑也就不會消失！

互相取暖，才能天長地久

人和人之間的交往，無論是親情、愛情還是友情，都是需要雙方共同付出的。如果只有一個人單方面的付出，那麼，任何感情都長久不了。因為人是情感動物，或許在物質方面可以單方面付出，但是，在情感方面卻絕對需要有人回應。

當你的生日永遠有個他記在心中的時候，你是不是也會記住對方的生日呢？如果感情不去維護，很難做到天長地久，只有互相取暖，才是人們之間的真情。

曾經的我就被一份友誼傷害過，我有一個朋友，從小一起長大，長大分開後，我依舊用以前的感情對待他。只要他有什麼困難，只要我能幫助的就會給予力所能及的幫助。但是，後來我發現，凡是我有事相求，他卻總是拒絕。每到節日，我總會給他送上祝福，可是，他卻從來沒有主動過來看望過我。後來，我終於不再聯繫他，我們之間的友誼也從此消失了。

人就是這樣，當你的感情付出沒有得到回報時，就很難將這份感情繼續下去了。人們之間需要的是互相取暖，需要的是相互依靠。所以，在他人真誠對待你的時候，我們也一定要回報以同樣的真誠，這才是一個美好的世界，才能得到更多的快樂！

感恩也微笑

特殊的日子裡總有一個特殊的他存在，那些特殊的人成為了我們生命中重要的人，也構成了我們多彩的生活！

有人牽掛你，你有牽掛的人，都是幸福，這個世界上，沒有任何的物質可以超越情感，只有情感在，靈魂才會在！

25

寂寞時，剛好有一通電話打來

人生在世，總有寂寞的時候。寂寞時，你可能會一遍一遍看著電話，希望有個人能夠在此時給你打來一通電話。而假如此時恰好那個電話出現了，你的心情會如何呢？興奮？感動？溫暖？愕然？或許你的心情是五味雜陳的，但是，我相信，即使寂寞，你的嘴角也會揚起美好的微笑！從此，你的寂寞將不再變得寂寞，你的孤單也將消失殆盡！

生活中，總是有很多讓人溫暖的點滴。有的人總說，生活太累太苦，讓自己微笑不起來。其實，生活不是沒有微笑的理由，只是我們有的時候忽略了而已。不要以為大風大浪才是生活的主旋律，其實，那些溫暖的點滴才更加值得我們珍惜！

寂寞是每個人都會遭遇的事情，寂寞有的時候會無緣無故從心底散發出來，那種無奈的心情似乎總是無法排解。寂寞時，你最想做什麼？恐怕最想找個人聊一聊，訴說一下自己寂寞的心情。

但是，誰又是那個能夠聽你訴說的人呢？假如此刻，剛好有電話打進來，你的心情是否會好一點呢？這就是生活中的溫暖點滴，足以讓一顆寂寞的心重新活躍起來，足以讓愁苦的臉龐重新恢復笑容！

Wilona 就曾經有過這樣的經歷。那個時候，Wilona 一個人租住在小公寓中，每天進進出出只有自己。平常 Wilona 白天上班，晚上偶爾會和朋友出去玩一下，日子倒也過得可以。但是，因為是一個人住，身邊沒有一個朋友和親人，Wilona 有的時候也難免會出現寂寞的情緒。

這天晚上，Wilona 約了朋友去唱歌，回來時已經晚上十一點多了。和朋友們熱鬧相聚後，回到家中的 Wilona 反倒愈覺得寂寞，總覺得剛才的熱鬧更加襯托出小公寓的冷清。在這樣的思想促使下，Wilona 心裡越是難過。此時，她多麼想要找個人聊聊天或者依靠一下，但是，公寓中除了自己還是自己。Wilona 輾轉反側，難以入眠。

就在 Wilona 有些氣惱的時候，電話突然響了起來。Wilona 心中驚訝了一下，不知道誰這麼晚還會打電話來。拿起電話，看到是知心好友，剛才還一起唱歌呢，大概是對方也睡不著吧！電話接通了，那邊傳來知心好友的聲音：「還沒睡吧？就知道妳睡不著，陪妳聊聊！」

聽了這樣的話，立刻有種感動湧上了 Wilona 的心頭，不愧是知心好友，竟然如此瞭解她。於是，她們就這樣有一搭沒一搭地聊了半天，最後實在撐不住了才掛了電話。那天晚上，Wilona 是帶著微笑入睡的，睡得十分香甜，因為她的心裡充滿了溫暖。

Wilona經常講起這件事情給我們聽，她總是說：「其實，微笑的理由並不找難，只要生活中有那麼一些能夠溫暖你的小事情，人生就會過得很快樂！」

Wilona說得確實沒錯，大部分的人生都是平淡的，但是，只要在平淡時能夠多一點溫暖和幸福，生活中就會充滿微笑！生活中也難免會有一些不良的情緒，你可能會感到寂寞，也可能會感到孤獨，不過，生活中也總是有一些讓你溫暖的小事，也總是會有很多關心我們的人存在。只要有他們在，我們就應該經常保持微笑！

寂寞不可怕，可怕的是甘於寂寞

寂寞，是一種心理狀態，我們經常可能會有寂寞的感覺。對大部分人來說，寂寞並不會存在很久，或許只是某一刻的突發心情而已，只要稍作調整就可以繼續恢復陽光明媚的生活，就可以讓微笑回到生活中。但是，也有這麼一小部分人，明知道生活是寂寞的，但是，卻甘於寂寞，不願意將寂寞趕走，就這樣讓自己埋沒在寂寞之中，讓生活從此缺少陽光，缺少微笑。

生活雖然會出現一些陰雨迷霧，但是，主旋律依舊是陽光燦爛的。因此，雖然有寂寞的時候，我們也不應該墮落，更不應該丟棄微笑。寂寞終有時，人生卻需要我們鼓起勇氣，勇往直前。

寂寞容易讓人沉淪，容易讓人迷失。如果我們不能夠振作精神，很容易就會在寂寞中消沉下去。一個人最大的敵人是誰？答案就是你自己。如果你自己不能夠走出自己的心魔，那麼，即使有再多的人給予你勸慰也是無濟於事的。

寂寞是一種可怕的東西，如果你習慣了寂寞，也就是相當於習慣了沉淪；

你習慣了不去微笑，自然也就不會微笑了！

寂寞時，如果有個人能夠和你暢所欲言，那麼，請不要拒絕，反而要感激，因為正是有了這些在你寂寞時及時陪伴你的人，你的寂寞才能夠減少，你的內心才會變得充實起來，你的微笑才會變多了起來。

寂寞不可怕，可怕的是我們甘於寂寞。

寂寞的時候，如果沒有人陪你，我們不妨主動走出寂寞，衝破黑暗，努力向微笑靠近。相信，微笑是喜歡每個人的，只要你接近它，它就會給你溫暖！

寂寞難耐，試著丟掉

有的時候，寂寞會這麼悄然降臨，弄得我們手足無措，不知該如何排解。如果此時恰好有一通電話打進來或者有個人恰好出現在你面前，這是多麼幸運的事情。但是，並不是我們每次寂寞的時候，都是能夠有人來陪伴，此時，你該怎麼做呢？

其實，最好的救贖者不是他人，而是自己。很多時候，他人雖然可以給予我們溫暖和安慰，但是，如果想要真正走出自己的心魔，還需要我們自己主動去排解。寂寞雖難耐，我們為何不試著丟掉它呢？在寂寞時，我們不妨找一個微笑的理由，有了微笑在，寂寞自然也就會減少幾分！

讓我們主動遠離寂寞，也就不會難耐了！

當你寂寞又沒有人陪的時候，與其想要他人主動來找你，還不如我們主動去找他人。不是每個人都知道你的心思，也不是每個人都可以經常關注著你，雖然你們是親密的朋友，但是，也是有一點距離的。你的寂寞，朋友或許能感受到，但是也有很多時候他們並不知曉。不是朋友不關心你，而是你沒有給朋友機會。因此，當你寂寞難耐，想要有人陪的時候，我們不妨主動一點，找到朋友，訴說一下寂寞，或者和幾個志趣相投的朋友聊一下自己感興趣的話題。相信你的寂寞就會減少很多！

寂寞時，如果找不到其他人傾訴一下，我們不妨做點自己喜歡的事情。排解寂寞的最佳辦法，就是轉移自己的注意力。你可以隨心所欲，想做什麼就做什麼，你可以完全不用考慮任何因素，只要你喜歡就放心大膽去做。更有甚者，你還可以做一些自己平時不敢做的事情，挑戰一下自己。

當你全心投入喜歡的事情中時，相信你也就不會將注意力放在寂寞上面了。

有的時候，寂寞也會來自於壓力或者繁忙的生活，因此，如果感到寂寞了，我們不妨讓自己放鬆一下，放慢自己的腳步，在輕鬆的狀態下，人們更容易微笑。此時，你不妨減少一些工作，適當給自己減壓，當壓力小了，寂寞感也就會減少許多。

寂寞是不可怕的，可怕的是我們不會調整自己，更可怕的是我們對微笑的麻木。走在人生路上的我們，總會遇到一些不悅。此時，我們不妨將眼光越過這些不悅，收拾一下生活中溫暖的點滴，讓這些點滴組成我們微笑的理由。然後，讓微笑來掃除一切心靈的塵埃，相信你的生活會變得更加美好，快樂也會更多一點！

寂寞也微笑

寂寞時，那個關心的人就出現了，生活有時就是這麼溫暖！因此，不管何時，我們都要向著陽光奔跑，將黑暗丟在身後！

人們多數是不甘寂寞的，當寂寞來臨時，我們不妨試著調整一下自己，走出寂寞，走出心魔！

26

我的心思，你能一眼就看透

身無彩鳳雙飛翼，心有靈犀一點通。這個世界上，最難得是什麼人？那就是懂心的人！有的時候，不必說什麼，只需要一個眼神，對方就能夠懂得你的心思。這樣的人就是知己。人生難得一知己，知己是可遇不可求的。

人生得一知己足矣。朋友不需要太多，我們需要的是能夠瞭解我們、理解我們的人。可惜這樣的人不多，但是，生活中能有那麼一個人，一眼就可以猜透你的心思，你就應該感到很幸福，嘴角就應該揚起微笑！

Bob和Edward已經認識二十多年了，兩個人之間的友誼可以用「君子之交淡如水」來形容，即使一年多的時間不見面，兩個人見面後依舊如初，不會出現絲毫的陌生。這兩個人的友誼能夠持續如此長的時間，很多人都會感到吃驚。要知道，瞭解他們的人如何也不會想到這兩個人能夠成為朋友，因為兩個人的性格大相徑庭。

Bob 屬於那種活寶型的人物，無論到哪裡都是焦點人物，口才好，樂於交朋友。Edward 則不同，是一個文質彬彬的人，內斂睿智，不喜歡出風頭。兩個人站在一起，會形成鮮明的對比。但是，這樣的兩個人卻成為了至交。

很多人都以為這和戀人一樣，性格互補的人容易相處。但是，他們看到的只是表面現象，能夠讓他們的友誼維持到如今的原因，其實就是兩個人心靈的相通。

Bob 說：「Edward 沉穩，我神經比較大條。有些時候，很多問題我都會忽略掉，Edward 卻可以將問題看得很透徹。很多時候，無論我想什麼，Edward 一眼就可以看透。我覺得 Edward 是最瞭解我的人，無論我有什麼事情，他都能夠給予我更好的建議。可以這麼說，生我者父母，知我者 Edward。能夠有這樣一位朋友，我感覺我很幸運。」

Bob 說得一點都不錯，Edward 確實十分沉穩，無論何時都可以保持冷靜的頭腦，而 Bob 卻比較衝動，兩個人在一起還真的是互補啊！對 Edward 來說，Bob 也是一位難得的益友。Edward 是這麼說的：「不要看 Bob 平時大咧咧的，其實他很會關心人。我父母從小管教我是非常嚴厲的，有時我會感到很壓抑。每次我鬱悶的時候，Bob 總能夠感受到，雖然他不說什麼，卻總能想辦法讓我開心起來。這樣的朋友，我怎麼能不珍惜呢？」

原來，大咧咧的 Bob 對 Edward 也是如此瞭解啊！怪不得兩個人能夠維持如此長久的友誼！

生活有時太累，有時又有太多風雨，很多時候，我們總是想要找到一個能夠理解我們的人，但是，那個人太難得了！你有沒有這麼一個如此瞭解你的人，一眼就能看透你心思的人呢？這樣的溫暖不是每個人都可以擁有的，一旦擁有了，就請珍惜，珍惜那個和你心有靈犀的人！珍惜這個能夠給你帶來微笑和溫暖的人！

珍惜身邊人

雖然說，那個能夠一眼看透你心思的朋友是你人生中最值得珍惜的朋友，但是，人生不可能只有一個朋友。或許有些朋友不能夠那麼瞭解你，但是，能夠和你成為朋友的人，也必然是值得你交往的人！朋友，也是有很多類型的，可以是知己，可以是忘年，可以是莫逆，可以是良師……但是，不管是哪種類型的朋友，你都應該珍惜他們，善待朋友。

對待朋友，首先要做的就是包容他們。人和人之間的相處如果想要融洽，就要做到互相包容。每個人都不是完美的，總會有缺點和不足，如果我們不能夠包容朋友的這些，那麼，我們恐怕就會孤身一人，永遠也交不到任何朋友！

有這樣一個故事：兩個朋友到沙漠中旅行，途中，兩人不知為何吵了起來。爭吵中，A打了B一巴掌。B自然很生氣，就在沙子上寫下：朋友今天打了我一巴掌。

就這樣，兩個人沉默著繼續向前走，誰也不搭理誰。不久，他們遇到了一個水塘，B不小心掉了下去，A用盡全力將B救了起來。於是，B在石頭上刻下：今天朋友救了我！

A很不解，為何第一句話要寫在沙子上，第二句話會刻在石頭上。B則解釋說：「寫在沙子上，很快就會被風吹走，不會留下痕跡，那是傷心的事情，還是盡快忘掉得好。寫在石頭上則不同，會一直留下來，我是想將你對我的恩情永遠記在心頭！」聽到這番話的A十分感動，兩人之間的友誼也更加深厚了！

難道說，B對A打自己的行為就不氣惱嗎？當然氣惱，但是，他卻知道這不是朋友故意為之，如果自己要計較，那麼，兩個人之間友誼也將土崩瓦解。因此，B選擇了包容，他還不想放棄這個朋友。朋友之間無意的傷害或許是存在的，我們大可不必因此而掩蓋了朋友帶給我們的微笑。如果我們斤斤計較，那麼，朋友也就沒得做了。只是在我們看到朋友的無心之過時，你也應該反過來想一想朋友對你的恩情。在最為危難的時候，朋友依舊是那個願意為你伸出援手的人。懂得珍惜朋友的人，也是懂得微笑的人，他們不放棄朋友的同時，也贏得了更多的微笑！

余秋雨說：「真正的友情不依靠什麼。不依靠事業、禍福和身分，不依靠經歷、方位和處境，它在本性上拒絕功利，拒絕歸屬，拒絕契約，它是獨立人格之間的互相呼應和確認。它使人們獨而不孤。互相解讀自己存在的意義。因為所謂朋友，也只不過是互相使對方活得更加溫暖、更加自在的那些人。」

在交朋友的時候，不要總想著朋友能夠為我們付出多少，而是要想著我們能為朋友做多少。如果心中有了善待朋友的思想，朋友自然也會善待你！

帶著你的寬容去面對朋友吧！相信你的生活會多一些微笑，多一點快樂！

知己也微笑

有一個能夠看懂你心思的朋友是幸運的，也是幸福的，珍惜這個朋友，感謝他能夠如此理解你！

朋友易得，知己難求，知己不必太多，只要一個足矣！

對待朋友我們應當擁有一顆包容的心，相互的包容才會形成天長地久的友誼！

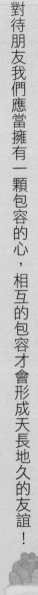

27

無論多晚，總有一盞燈等你回家

夜深了，人靜了，你拖著疲憊的身體走在回家的路上。當你走到家門口的時候，抬起頭，發現窗戶依舊亮著溫暖的燈光，你知道這是家人對你的等待。無論多晚，家裡的這盞燈總是在等著你。似乎這盞燈有著神奇的力量，照亮了你回家的路，溫暖了你一顆倦怠的心！

一次同學聚會上，吃完飯後我們一起去唱歌。此時，已經到了深夜一點多鐘了。突然，一位同學站起來，說道：「哎呀，這麼

晚了，我要回去了，要不然，我老婆會著急的，我不回家她恐怕就不會好好睡覺！」

大家哄堂大笑，有的人嘲笑他怕老婆，有的人則挖苦他夫妻感情真甜蜜。聽著這些玩笑話，同學只是嘿嘿笑了一下，回答說：「我老婆有個習慣，不管我回家多晚，她總會開著燈等我。我回去太晚了，她會擔心的。」同學一邊說著一邊就想要脫身了。

同學說到這裡，男士們不禁有點羨慕說：「你老婆真好啊！多晚都會等你，還給你留盞燈，怪不得你著急回家呢！趕緊走吧！趕緊走吧！」

女士們則說：「你老婆對你挺好，不過，看得出來，你對老婆也很體貼啊！不像某些男人，即使女人留了盞燈，他們也不知道珍惜啊！你一定要好好對你老婆哦！」

就在大家你一言我一句的叮囑中，同學揮手告別了我們，回家了。看著同學遠去的背影，我突然覺得同學很幸福。

我發現，其實，我也是很幸福的。記得有一段時間，我工作很忙，總是在書房待到很晚，回到臥室時，妻子也總是會開著一盞燈，我告訴她不要再開燈了，早點睡吧！妻子沒有說什麼，只是說：「哦，你不在，我就開著。」我以為是妻子怕黑，不敢一個人睡，現在想來，原來妻子是用一盞燈在等候我。直到那時，我才明白妻子那盞燈的含意。現在，每當想起那盞燈，我的嘴角總會揚起甜蜜的微笑，燈雖然是普通的燈，可是卻包含了妻子對我濃濃的愛意，我又豈能不讓自己微笑起來呢？

除了妻子留給我的一盞燈，記憶中還有一盞燈也總是時常閃現，那就是父母為我一直點燃的那盞燈。年少時，經常和朋友一起玩到很晚才回家，可是不管多晚，父母總會為我留一盞燈，每次我還沒有到家門口，就能遠遠看到那盞亮著的燈，我知道那是家的方向，有了那盞燈，我永遠不會走錯路！

張愛玲曾寫道：「在這個世界上，有一個人在永遠等著你，在那萬家燈火中，有一扇窗屬於你，有一盞燈為你亮著，無論你在什麼地方，無論什麼時候，她都會在那裡，永遠等著你，等你歸來……」如果有這麼一盞燈，每天都在為你點燃，那麼，你自然應該經常保持微笑，因為你是幸福的！

你的最愛

深夜裡，誰會為你點燃一盞燈等待你回家呢？無疑是家人，無論是父母、妻子還有孩子，他們的心裡對你總是有一份牽掛，只要你不回家，他們可能就會無法安心睡覺。

家人，是我們生命中最重要的人，也是我們一生都離不開的人。戀人、朋友都可能會離你而去，但是，家人卻會永遠守護在我們身邊。

當我們受傷時，他們會為我們擦拭傷口；

當我們疲憊時，他們會給予我們依靠；

當我們落魄時，家人總是能夠包容我們。

家人，是和我們最親密的人。有家人在，微笑就在，幸福就在！

家人不像同事、客戶、朋友那樣，需要你去維護關係，不管你對家人的態度如何，家人永遠都會對你不離不棄。所以，家人也就成為了我們最容易忽略的人。

我們為何會忽略家人，那是因為我們知道家人什麼時候都不會遺棄我們。但是，就算知道家人很愛我們，我們就可以忽略他們的情感嗎？其實，家人最需要不是物質上的富裕，而是感情上的慰藉。你能夠多多抽出時間來陪伴他們，勝過你給予的金錢百倍！

阿威是個非常有事業心的人，因此他幾乎將所有的精力都投注在工作上，對家人一度很忽略。一次，他答應兒子週末要去遊樂場玩，可是，早上兒子還沒起床他就去公司加班了。當他晚上十點多鐘回家的時候，讓他吃驚的是給他開門的竟然是兒子，要知道平時這個時間兒子早就睡覺了。

兒子見到他，滿臉委屈地質問說：「你為什麼不守信用？」原來兒子一直不肯睡，在等爸爸，就是想要問清楚爸爸為什麼不守信用。看著兒子稚嫩的臉，阿威突然覺得很對不起他，因為他陪兒子的時間確實太少了，可以說他根本不是一個合格的爸爸！

這件事情對阿威感觸很深，此後，他不再像以前一樣那麼拼事業，而是盡量多抽出一些時間陪家人。他懂得了家人要比事業重要，和家人在一起，他得到的歡樂也更多了！

其實，幸福是很簡單的，微笑也很容易，只要能夠和家人在一起，我們就能每天微笑面對一切。家人是你最愛的人，我們也要多多抽出時間陪伴他們，不要給自己的親情帶來傷害和痛苦！

關心愛你的人

為什麼那個人無論多晚都願意為你留一盞燈呢？

其實不為什麼，只因他愛你而已。

因為愛你，所以他願意為你付出；

因為愛你，所以他願意犧牲自己。

父母為你留一盞燈，是他們愛你，不希望你迷失回家的方向；

配偶為你留一盞燈，是因為他們珍惜和你組建的家庭；

孩子為你留一盞燈，是因為他們希望自己的父母可以得到更多的溫暖和愛！

可以說，愛是我們生活的必需品，也正是因為有了愛，我們才有了更多微笑的理由！

這個世界上有這麼多愛你的人，你又該如何去回報他們的愛呢？

這個世界上最無私的愛就是父母的愛，父母從小養育我們，從來不想要回報。即使當我們長大成人、結婚生子，父母依舊會將我們當作一個孩子來寵愛。當我們翅膀變硬了，我們就會離開父母的懷抱去開創自己的天地，但是，此時父母也已經白髮蒼蒼。孝順父母是我們每個人都應該做的事情，不要讓父母在晚年失去溫暖，因此，我們要多多關心他們，讓他們享受天倫之樂！

配偶，是我們將要一輩子相依相伴的人。你們從年輕時就在一起，經歷各種風雨最後牽手到老。配偶之所以能夠和你共度一生，就是出於對你的愛。因為愛著你，所以他能夠包容你的缺點，包容你的家人，包容你所犯的錯誤。做為一個陌生人，能夠和你組建一個家庭，是多麼有緣分的事情，因此，你要珍惜這個人，珍惜這個將要和你牽手一生的人！

孩子，是一個家庭的核心，也是我們生命的延續。對於孩子，我們有養育的責任和義務，除了給予孩子良好的物質條件，還需要精神上的食糧。對一個孩子來說，家庭是成長的關鍵，來自父母雙方的愛缺一不可。因此，我們千萬不要以忙為藉口而忽略對孩子的關愛。在孩子的成長中缺席，將會成為你一生的遺憾！

愛你的人願意為你付出一切，但是，我們也不能辜負那份愛。多關心一下那個愛你的人，你的微笑才會更多！

為愛也微笑

深夜的一盞燈，看似不起眼，卻包含著濃濃的愛意，只要有它在，你永遠不會感到冷清！
無論到何時，家人永遠是你的最愛；不管到何地，家人永遠是你的牽掛！
多多關心愛你的人，不要讓那份愛成為孤單的代名詞！

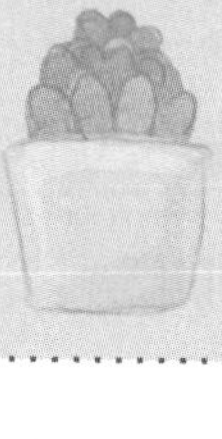

28

失落時，有人默默陪在身邊

感到很失落，心情糟透了，如果此時有個人陪在身邊，哪怕一句話也不說，是不是也會讓自己感覺好多了？失落時，人會變得脆弱，此時，如果有一個人陪在身邊，無疑是給予了勇氣和力量。如果有那個人，這是多麼溫暖的一件事，失落的情緒也就不會再失落下去，這樣更是一個讓我們不得不微笑的理由！

我有一個多年的好友，最近工作上遇到了一點問題，不知怎麼回事竟然被迫辭職了。對一個在職場打拼多年的人來說，這無疑是一個打擊。當我得知這個消息後，只是打了一通電話給朋友，電話中朋友不願意多說什麼，我可以聽出朋友確實很失落，嗓音聽起來都有種啞啞的感覺。於是，我自然而然地認為朋友這個時候恐怕不希望被打擾，他或許想一個人靜一靜，我還是不要再去打擾了。

所以，接下來的兩三個月時間裡，我一直沒有再和朋友聯繫，我覺得應該給他一段療傷的機會，再者或許這段時間裡他可能就已經找到更滿意的工作了。

後來，我聽說朋友準備自己籌建工作室，於是，我想著他或許已經從失落中走出來，所以又打了一通電話給他。電話接通後，朋友立刻說道：「哎呦，你怎麼想起我了呢？」朋友的語氣雖然是開玩笑，但是，我也可以明顯感覺到他似乎有點生氣。

於是，我回答說：「怎麼會忘記你呢？我心裡一直掛念你呢！你最近工作怎麼樣？聽說你正在籌備工作室？」

朋友回答說：「這個時候才知道關心我啊！我剛剛失去工作時，你一通電話就消失了，我現在已經從失落中走出來，你卻出現了。當初你幹嘛去了？」

聽到朋友這麼說，我趕緊解釋說：「我哪裡是消失了，我是因為怕打擾到你，所以才沒有和你聯繫的。」

朋友說：「什麼打擾我，那個時候我的心情那麼不好，就希望能有人陪在我身邊，你卻只是一通電話後就不再理我了，這還算朋友嗎？」

聽了朋友的話，我有點心虛，是的，人們為什麼需要朋友，還不就是想在失落無助時希望有個人陪在身邊嘛！看來是我的理解出現了偏差，才導致朋友的誤會。此後，我極力幫助朋友籌建工作室，我們之間的小誤會也就消失殆盡了！

經過這件事情，我也明白了一個道理。朋友不僅是快樂時的夥伴，更是失意時的鼓勵。有的時候，朋友之間根本不需要太多的語言，只要默默地陪在他們的身邊，朋友就會感覺好多了。因此，當朋友失落時，千萬不要走開，不要讓朋友獨自一人承擔痛苦，我們應該做的就是陪在他們身邊，為他分擔，為他解憂。即使你什麼也做不了，但是你也絕對不是多餘的人，正是因為有了你在，朋友的失落才不會被塗上一層淒涼感！

如果說，每當你失落的時候，總有人默默陪在你身邊，那麼，你必然是幸福的，應該是微笑的。因此，我們不妨將失落甩在一邊，將這份溫暖和微笑保留在心中！

有你在，我感覺好多了

我們時常可以聽到這樣一句話：「有你在，我感覺好多了！」這句話聽起來似乎很樸實，但是卻蘊含了讓你享用不盡的溫暖。

當時朋友失落的時候，我沒有能夠理解有人陪伴的那份溫暖和感受，後來，發生在我身上的一件事情卻讓我真實感受到了有人陪伴的那份踏實。

那一次，我的父親因為腦梗塞進了醫院，得到消息時，我正和一位朋友在一起，告別了朋友，我立刻就趕往了醫院。到了醫院，醫生正在全力搶救著，我和家人焦急地等候在急救室門口。看著時間一點一滴地過去，我的心也焦急起來。此時，一位醫生走出來，拿出了病危通知書。

那個時刻，我只感到天旋地轉，怎麼會如此嚴重呢？父親平時的身體很不錯。就在我不知所措的時候，我一轉身，竟然看到了朋友在那邊焦急地看我。我跑到朋友身邊，開不了口。朋友卻拍拍我的肩膀，安慰道：「不要擔心，叔叔會度過危險的，我在這裡陪你！」那一刻，我感覺好多了！

最後，父親度過了危險，我也鬆了一口氣。朋友說：「我看你那麼著急，就跟了過來，我知道我也幫不上什麼忙，只是覺得能夠陪陪你罷了。」

聽了朋友的話，一股暖流立刻湧向了我的心田。其實，朋友什麼都不用做，我只要看到他在那裡，我的感覺就好了很多。在我最無助的時候，能夠有個人陪在我身邊，我覺得那就是最大的鼓勵。

每當我想起那個瞬間，總覺得心裡暖暖的，臉上也會情不自禁微笑起來。有人陪伴，又何嘗不是人生該微笑的理由之一呢？所以，如果你失落時，身邊有人陪，那麼，無論多麼難過，也請微笑起來吧！讓微笑來掃除你的不愉快，為你打開快樂的心門！

雖無言，卻勝有聲

你的身邊有沒有這樣一種人，他們平時或許和你沒有太多的聯繫，但是，一旦你有事，他們就會及時出現在你身邊。或許他們不會對你說太多安慰的話，但是，他們卻能夠默默陪在你身邊，給予你支持和鼓勵，盡全力幫你度過難關。他們或許是沉默的，但是，就在這沉默中卻包含了對你的關心和愛護。

有這樣的一個人陪在身邊，雖然無言，卻勝有聲。

我們常常說道：此時無聲勝有聲。那是一種境界，當我們真正需要安慰的時候，無言其實是最好的方式。一個動作、一個眼神都可能勝過千言萬語，甚至連這些都可以不需要，只要有個這樣的人在，就能夠超越一切。

在開心快樂的時候，我們可能會需要更多的歡聲笑語，我們可能會滔滔不絕，我們可能會喜歡傾聽他人的訴說。但是，當我們失落鬱悶的時候，還會喜歡有人在你身邊嘰嘰喳喳說個不停嗎？我想，此時的你肯定會想要安靜一會兒，只是想讓朋友在你身邊陪著就可以了。語言，確實是一種美好的東西，但是，有的時候我們卻不需要語言的存在，或許無言更加適合此時的情景。

失落時，有個人能夠默默陪在你身邊，無言的境界，恰是最體貼的關心，也是讓你微笑的泉源！

感謝有他

當你失落時，如果有個人能夠默默陪在你身邊，除了感動以外，是不是也應該打從心底感謝他呢？

如果沒有他，或許你就很難度過這個關卡；

如果沒有他，或許你的難過就不會這麼快消去。

因此，你要學會感謝他，感謝在你難過、失落、痛苦的時候，有一個他在身邊。

在這個世界上，沒有誰對誰有責任，沒有誰必須義務地陪著你。因此，我們不能強求他人對我們付出什麼，但是，如果有人能夠如此對你，那麼，我們必然要心存感激，感謝他們能夠在你危難時刻向你伸出安慰之手。

我們應該學會感謝他人，感謝那個能夠陪在你身邊的人。有了你的感謝，他人的付出也就能得到了回報，人和人之間的關係就會變得緊密。這樣的人是生活對你的贈與，因此我們在感受這份溫暖的時候，也一定要心懷感激。千萬不要以為他人對你的付出是理所當然，他們沒有義務，之所以會陪伴你，是因為對你的關心和愛護，而我們能夠做到的，就是感謝他們，並且能夠像他們對待我們那樣對待他們。

感謝有他，感謝那個給你無私陪伴的人，有他們在，你的生活將不再黑暗，你的生活也多了一些微笑的理由，即使挫折再多，也會順利到達幸福的彼岸！

失落也微笑

失落時，或許只要有個人默默陪在你身邊，就是對你最大的安慰！

有的時候，無聲的關注更能安慰你受傷的心靈，無聲勝有聲，無言的沉默恰是對你最大的關懷！

29

偶遇陌生人，對你的一個真誠微笑

生活中，和你最沒有關係的人是誰？陌生人！何謂陌生人，那就是和你沒有任何關聯的人。每天，我們行走在大街上，會遇上無數個陌生人，我們或許會和他們擦肩而過，或許會和他們雙目對視。其實，生活中總是充滿陽光的，即使是陌生人，我們也不妨卸下冰冷的面孔，給予一個真誠的微笑，相信你的快樂會更多！

對於陌生人恐怕我們每個人的心裡都有一種排斥感，一方面是因為不認識，另一方面則也因為擔心陌生人會給自己帶來麻煩。

以前，Christiana 也是這樣，而且還很討厭和陌生人打招呼。Christiana 說：「我原先對陌生人也沒有那麼排斥，比如在公車上，我會常常和旁邊的人聊天。但是有一次，我和旁邊坐著的一位抱小孩的女人聊天，我看著孩子可愛，就想要抱抱孩子。結果那個女人將孩子立刻緊緊抱在懷裡，嘴裡說著不，轉過頭去，不再理我。當時我立刻愣住了，心裡頓時感到一陣惱怒。我只不過是出於好心，又不會傷害她的孩子，何必這樣呢？此後，我就不再和陌生人打交道了，免得招來不必要的麻煩。」

現在 Christiana 則不這麼想了，因為一件小事改變了她的看法。這天 Christiana 的心情十分不好，走在路上的時候，腳下剛好有一個寶特瓶，於是她就用力踢了一腳。可是，不幸的是，這個寶特瓶剛好踢到了一位老婆婆的身上。Christiana 頓時傻眼了，她這一腳的力道可不小，老婆婆大概會很痛，那一瞬間她只是在想：如果老婆婆不肯善罷甘休怎麼辦呢？誰知，Christiana 還沒有說話，老婆婆倒是給了她一個微笑，和藹地說道：「小姐，可不能隨便亂踢垃圾哦！」

Christiana 聽了老婆婆的話，尷尬地笑了笑，連忙說道：「阿婆，對不起啊！妳有沒有受傷啊？我不是故意的，只是……」

老婆婆打斷她說：「我當然知道妳不會故意傷害我的。我看得出來，妳心情似乎不大好對吧？」

Christiana 不好意思地點點頭。因為兩個人順路，所以老婆婆就邀請 Christiana 和她一起走。一路上，老婆婆根本沒有提起剛才的不愉快，反而和 Christiana 聊了很多。直到兩人分手，Christiana 也不知道老婆婆姓什麼、名什麼，電話、地址也沒有留下，但是 Christiana 的鬱悶卻一掃而空了！

Christiana 說：「雖然我沒有再見過那個老婆婆，但是，一想到她我就感覺很溫暖。一個陌生人，竟然能夠像一個親人、長輩那樣勸慰我，我很感動。從此，我對陌生人也沒有那麼排斥了，我相信，這個世界上還是善良的人更多一點的！」

生活在這個社會上，我們需要面對的東西、需要解決的問題太多了，生活已經讓我們有點不堪重負，因此對於那些不相干的人和事，我們總是無暇去顧忌太多。甚至有時候，偶遇到一個陌生人，對你微笑一下，你也可能會裝作沒有看見，匆匆離開。

很多人都說，這個世界變得越來越冰冷了，其實，不是世界變得冰冷了，而是我們將自己的心關閉了，拒絕了一切陌生的陽光，我們生活也從此缺少了些許溫暖。

陌生人又怎麼樣？

我們認識的哪個人不是從陌生到熟悉呢？

如果有一個陌生人，給予你一個陌生的微笑，我們又何必拒絕呢？

給他們一個微笑。當世界上陌生的微笑越來越多時，這個世界也就越來越溫暖。

微笑化解那陌生

不要和陌生人說話。

陌生人，似乎成為了壞人的代名詞，難道陌生人就這麼可怕嗎？

陌生人，不過是我們不熟悉的人而已，無論是朋友還是同事，哪一個不是從陌生人過渡到熟人的呢？我們之所以會對陌生人拒之千里，不過是因為不熟悉。其實，我們大可不必這麼冷漠，面對陌生人，我們為何不給予一個微笑，讓那份陌生感不再被冰冷所覆蓋，雖然陌生卻依舊可以享受到溫暖。

陌生之所以是陌生，不是因為我們不熟悉，而是因為我們內心的防備。或許是這個世界給了我們太多教訓，也或許這個世界有太多的狡詐，所以，我們對不熟悉的事情總是拒之門外，內心總是懷著一份戒備，唯恐被那份陌生傷害。其實，即使是陌生人之間，也都希望互相得到溫暖，只是，我們沒有主動去化解那份陌生。

如果想好好化解那份陌生，我們為何不主動給予他人一個微笑呢？

一個微笑，看似很小，卻有可能成為你生活中最美好的感動！

公車上，對著鄰座展現一個友好的微笑，即使你們之間沒有說話，也能感受到溫暖。商場裡，我們對一起購物的人展現一個微笑，雖然你們不認識，卻可以一起參謀購物，原本孤單寂寞的獨自購物忽然轉變為溫暖和諧的雙人shopping！旅途中，對沿途的遊客一個微笑，即使你們不認識，同樣可以結伴而行，不僅欣賞到了美麗的風景，更體會到了溫暖的人心！

接受陌生人的微笑，再給陌生人一個微笑，這個世界將不再變得陌生，即使陌生，也沒有了冷冰冰！

掃除心靈灰塵，釋放愛

我們之所以不願意和陌生人打交道，那是因為我們的心靈被太多世間的灰塵蒙蔽。在我們生活的社會，因為有著過多的狡詐和不和諧，所以，我們的心靈中也充斥著這些東西。對於陌生的人，我們總是戒備再戒備。其實，陌生人怎麼了？不過是因為我們不熟悉，所以就用冰冷對待嗎？其實，每個人都是希望有愛的，希望有人給予關懷，即使是陌生人，我們也不希望看到一副冰冷的面孔。既然如此，我們為何不敞開心靈，掃除灰塵，將你的愛釋放出來、多多微笑呢？

生活在大千世界中，很多人都以為那些灰塵微不足道，因此並不在意。但是，如果日積月累，灰塵的數量也會逐漸增加，當累積到一定程度，灰塵就會蒙蔽我們的心靈，讓原本清澈的心靈變得汙濁不堪。人之初，性本善，我們每個人的心靈其實都是美好的，對任何事物都沒有設防，只是隨著生活閱歷的不斷增加，我們讓那些灰塵侵入了心靈，心靈則變得不再透徹，我們也出現了自私、貪婪、心胸狹窄等等劣根性。因為灰塵太多了，所以，我們也失去了更多的微笑！

為什麼小孩子比大人更容易獲得微笑？那是因為他們的心靈是純淨的，沒有太多的汙垢。因此，如果想要得到微笑，我們不妨多多擦拭心靈，讓心靈不要被蒙蔽。

我們的心靈猶如一扇窗戶，時間久了就會沾染上一些灰塵，透過灰塵去看這個世界，世界必然也是不美好的。當心靈上的灰塵多的時候，我們可能就會迷失自己，總是用懷疑的目光來看這個世界。但是，這個世界上溫暖還是要多一些，將愛微微釋放一點，那麼，你的世界也許就會溫暖許多，你的生活也就會多點微笑！

陌生也微笑

不要拒絕陌生人的微笑，也試著給陌生人一個微笑，相信你的世界會到處充滿快樂！

每個人都是渴望愛的，只要有愛，這個世界也就不會冰冷了！

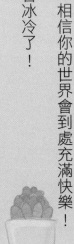

30

疲憊了，停靠的地方就會出現

生活總是有太多壓力，人生總是有太多無奈。疲憊的感覺是無奈的，有的時候還會伴隨著一點點的傷心。每當疲憊時，我們也總想找個可以停靠的地方。但是，停靠的地點卻不會輕易出現。如果你疲憊了，停靠的地方就出現了，而這難道不也是讓你微笑的一個理由嗎？

生容易，活容易，生活不容易。

生活確實不容易，很多時候我們需要面對太多的無奈和壓力。因此，我們很容易產生疲憊感。如果是身體的疲憊，或許我們很快就能緩解，但是，如果是心靈的疲憊呢？如果你真的感到疲憊了，不妨找到停靠的地方，與其自己硬撐著，不如給停靠的地方一個機會！

記得有一段時間，我的工作進入了瓶頸期，每天雖然很忙碌，卻也總讓我感到迷茫，找不到存在感。隨著這種感覺的增加，我開始出現失眠、煩躁的狀況。那個時候的我，真是身心俱疲，曾經一度有了想要辭職的衝動，甚至想要找個沒人的地方躲起來。

面對多種的壓力，我有點崩潰了。

就在此時，我的母親從家鄉前來看望我，其實，我是不願意讓母親來的，我不想讓母親看到我這樣的狀態。同時，我的疲憊感與日俱增，我沒有太多的精力去招待母親。

母親，果然是最瞭解孩子的人。一見到我，她就發現了我的異樣。但是，母親沒有說什麼，只是在這裡盡量照顧我的飲食起居。幾天之後，母親貌似不經意地說：「你好久沒有回家了，媽媽感到好寂寞，你能不能陪著媽媽回家鄉住幾天呢？此時家鄉的風景很漂亮，媽媽想讓你為我拍幾張照片留念一下，你爸爸總是拍不好。你就當幫幫媽媽，陪媽媽回一趟吧！」我思考了一會兒，決定休假陪著母親回去，滿足一下媽媽的要求。

那時，正值春暖花開，家鄉風景漂亮極了，母親就這樣帶著我到處閒逛，同時，還會不時給我講一些家鄉的趣事見聞以及我小時候的事情。有些時候，母親還會讓我獨自出去走走，會一會兒時的朋友。

轉眼間，我已經在家鄉住了一週，返程的日子也臨近了。在我走之前的，母親對我說：「兒子，記住，家裡永遠是你停靠的地方。」

再看看母親，我感到自己好幸福。雖然生活的問題還沒有解決，但是，我已經不再感到疲憊了。無論是苦是甜，生活還是需要繼續的，疲憊了，有一個讓你停靠的地方，有如此的依靠，我們又如何不去微笑呢？

不要忘記了家這個地方

當我們疲憊時，總想要有個停靠的地方出現，有些人反反覆覆、尋尋覓覓，想要得到一個最適合停靠的地方。但是，當你一圈走下來之後，或許會發現，最讓你有安全感、最即時出現的港灣不是別的地方，而是那個叫做「家」的地方！這也是為什麼每當人們想起家的時候，嘴角總會掛上微笑！

從前，我感到疲憊了，總是不願意回到家裡，怕給家裡人增加負擔，怕他們擔心我。後來我才發現，家不僅是一個可以分享歡樂的地方，更是一個解決憂愁的地方。你和家人之間不應該只報喜不報憂，而是應該同甘共苦。無論是歡樂還是憂愁，我們都應該坦白告訴家人，家人或許解決不了你的問題，但是，最起碼可以給你最真實的安慰，讓你疲倦的心得到片刻的休息。

人的一生或許沒有愛情，或許也得不到很多友情，但是，卻唯獨缺少不了親情。你可以回想一下，每當你遇到困難的時候，第一個想到的地方是不是就是家呢？親人給予的慰藉勝過一切！做為芸芸眾生中的一員，我們不得不為了生活而去打拼、而去努力，因此，我們也有孤單疲憊的時候，我們也需要一個給予自己安全感的地方，而家這個地方在此時就悄然出現了。

家，是一個可以讓你卸掉偽裝的地方，你不必保持嚴肅，你不必強顏歡笑，想哭就可以大聲哭，想笑就可以放聲笑。家是可以還原本色的地方，因此，也是可以消除你疲憊的地方！

在家裡，我們不需要過多的話語，也不需要過多的行動，只是一個安慰的擁抱，你的疲憊就會消失殆盡。在家裡，我們不需要太多的約束，家裡不是一個講理的地方，卻總是給你溫暖的地方。

當你疲憊了，不要忘記家這個地方，這個地方永遠是你停靠的地方，永遠在那裡，對你不離不棄！

有了家，我們才能擁有最真實的微笑！

生活不必太疲憊

生活真的有這麼累嗎？

人們就真的這麼疲憊嗎？

生活本該是多彩的享受，我們為什麼會將自己搞得這麼疲憊？疲倦到底是什麼造成的呢？為什麼疲倦到來時，人們會微笑不起來了呢？

有一頭駱駝，非常能幹。貪心的主人為了試驗出駱駝的最大載重力，就決定不斷增加駱駝背負的稻草。稻草就這樣一捆捆被加到了駱駝的背上，所有稻草全被放上後，駱駝還是沒有被壓垮。主人很得意，看到地上還有一根稻草，就順手扔到了駱駝身上。誰知，駱駝卻突然倒下死去了！

駱駝被壓死了，難道僅僅是因為最後一根稻草嗎？當然不是，因為駱駝已經承受了巨大的壓力，當最後一根稻草加上去後，牠終於不堪重負倒下了。即使沒有這最後一根稻草，駱駝也是疲憊的，牠的壓力也不小，最後一根稻草不過是一個契機罷了。

人們之所以感到疲憊，其實和這頭駱駝一樣，都源自於壓力。現代社會的人們，有著過多的慾望和追求，我們總是想要最好的，總是想要得到更多。我們會給自己制訂很多目標，我們想要更好的生活。可是，與此同時，我們就往往會忘記生活的真諦，忘記生活的原本目標。生活是需要快樂的，這種快樂並不是物質所能滿足的，因此，我們完全可以不讓自己太疲憊！將目標訂得低一點，將慾望減少一點，甚至有的時候，我們還可以完全讓自己拋棄物質，只要快樂就好了，何必拘泥於那麼多物質形式呢？
學會讓自己輕鬆起來，不要讓自己有太多的疲憊，這才是快樂的人生，才能得到更多的微笑！

疲憊也微笑

生活難免會疲憊，如果有個讓你停靠的地方，不妨暫時歇歇腳，輕裝上陣才能讓人生路走得輕鬆快樂！
家永遠是你停靠的港灣，不管何時，只要家在，心靈的歸宿就在！
人生的追求你可以減少，但是，快樂卻不能減少，不要讓自己太疲憊，知足常樂！

Chapter 4

擁抱跌跌撞撞後的雨過天晴

31

一個人雖孤獨，卻可以享受難得的寧靜

一個人的時候，難免會感到孤單，但是，換個角度來看：一個人的世界是不是也讓你會有難得寧靜的感覺呢？獨處，其實並不可怕，反而是一份悠然自得的閒適，是一種舒服飄逸的享受。一個人，與其說是孤獨的，不如說是享受的。世界紛亂，如果我們能夠擁有一個人的時光，為何不去好好享受一番呢？

我曾經參加過一個有趣的試驗，那個試驗是這樣的：在一個教室中，老師要求每個人在教室中找個地方坐下來，安靜地等待十分鐘，

在這段時間裡，不能和任何人交談，也不能離開，就那樣安靜地坐著。

我聽了老師的要求，感覺很簡單，不就是十分鐘時間嘛，很快就過去了，我有時發呆的時間都不只十分鐘呢！於是，我很自信地找了一個座位坐了下來。教室中很安靜，老師坐在講臺上，低著頭並沒有關注任何人。

時間悄然流逝著，我就這樣默默坐著，什麼也沒有做，什麼也沒有想。過了一會兒，我覺得時間可能過了差不多了，於是，就拿起錶看了一下，可是，出乎我意料的是，時間才過了一分半鐘，也就說還有八分半的時間。可是，為什麼在我的感覺中已經過了很久了呢？於是，我的心開始有點浮躁了，我從來沒有感覺到原來一分半的時間有這麼長。於是，我拿出了手機，看起了我的行程，開始想著待會兒課程結束後，我該做什麼。想完了這些，我看了看時間，不過才過了六分鐘。於是，我開始觀察周圍的人，有的人似乎趴在桌子上，有的人則拿著手機玩遊戲，有的人則拿著紙和筆不知道在寫什麼。此時，我已經有點按捺不住了，希望試驗趕緊結束。終於，十分鐘時間到了，我感覺到了前所未有的輕鬆。

此時，老師說道：「好了，時間到了。在這十分鐘裡，你們感覺怎麼樣呢？好還是不好？雖然你在這裡並不是一個人，但是，我給你們創造了一個獨處的空間和時間。一個人的滋味如何？你們有沒有感到孤獨呢？你們有沒有好好享受這份孤獨呢？」

一個人的時候會如何呢？

一個人，必然會感到孤獨，會感到寂寞，會感到冷清。

當一個人的時候，就連微笑都帶著一點苦澀。

人們往往是害怕獨處的，我們習慣了和他人在一起，我們不願意一個人。一個人的感覺並不好，似乎有了被社會拋棄的感覺。但是，我們也忽視了重要的一點——有時候，我們也需要有獨處的空間，我們也需要自己對著自己來點微笑。

一個人雖然孤獨，但是，卻是一個完全屬於自己的空間和時間。在這個時間和空間裡，我們為何不靜下心好好思考一下，或者和自己來場對話呢？

獨處也是一種能力。

一個人的時候，我們不妨好好享受一下那難得的寧靜，自己讓自己微笑起來！

享受孤獨

無論我們走到哪裡，似乎都必須和他人打交道，也就是說我們很少能夠有獨處的機會。因此，能夠享受獨處，也是一件幸運的事情。

一個人，沒有什麼大不了的，依舊可以很開心，依舊可以燦爛微笑。

一個人的時候，我們擁有一片完全屬於自己的空間，我們可以隨性而為，我們可以感受一下自己的夢想，可以一個人讀書，一個人喝茶，一個人畫畫。

一個人，或許看起來是孤獨的，但是，你要相信，你的精神絕對是富有的！讓我們學會享受孤獨，學會享受屬於自己的那份寧靜，學會在獨處中給自己一個微笑的理由！

孤獨，是一種心境，是內心對他人的渴望。

要想學會享受孤獨，首先我們應當是一個內心不孤獨的人。一個內心不孤獨的人，會和自己對話，他們不會因為一個人而無聊寂寞。一個人的時候，看看日出，聽聽歌曲，都可以自得其樂，享受寧靜。

一個真正能夠享受孤獨的人，他們或許會在職場上努力打拼，但是，他們卻不會和生活計較過多，他們能夠淡然處世，卻也會爭取自己的空間和利益。

孤獨時，你可以深入到自己的內心，慢慢品味深藏在心底的一些回憶，無論好或者壞，那都是屬於你的歷史；

孤獨時，你可以和自己對話，細細推敲自己，自己和自己對話也是別有一番風味；

孤獨時，時間彷彿是靜止的，我們在寧靜中會得到昇華，我們在寧靜中享受了自己。孤獨是人生一大享受，也是我們不可錯過的寧靜！

孤獨也不過是一種心靈感受，即使有的人長期獨處，也會感到很滿足；而有的人每天歌舞昇平，內心依舊空空蕩蕩。

孤獨不是可悲的，可悲的是我們內心不會去享受孤獨，不會給自己尋找微笑的理由！因此，學會去享受孤獨的寧靜吧！即使物質是貧乏的，我們也要讓精神富足起來！

給自己一個安靜的思考空間

對於獨處，我們似乎不是那麼喜歡，但是，我們是不是應該不時給自己一個安靜的思考空間呢？而一個人的時候就是最好的時機。

一個人的時候，我們擁有難得的安靜空間，此時，我們不妨做一些平時沒有時間去想、沒有時間去做的事情，而且，此刻沒有任何人打擾，我們可以更好地去思考。

能夠擁有這樣的一個空間，是不是也是一件幸福的事情，我們是不是也應該微笑起來呢？

在很多年以前，我就養成了一個習慣，那就是每當遇到難題或者是一段學習、工作結束後，我都要獨自待上半天。在這半天時間裡，我會認真思考一下最近的生活，總結一下生活帶給我的得與失，生活中的歡笑和痛苦。一個人的時候，沒有任何人打擾，我能夠完全安靜下來，從中得出經驗和教訓。

每個人都應該適當給自己一個獨立的空間，讓自己能夠總結人生、思考人生。

人生為什麼要不時思考一下呢？

人們總是要不斷前進，要想有進步，我們就不能埋頭苦幹，就必須要總結過去，展望未來。人生匆匆幾十年，千萬別到年老的時候，才發現自己猶如一隻沒有目標的蒼蠅一般，碌碌無為。

當你考試結束的時候，不妨一個人待上片刻，總結一下過去一段時間的學習，再為下次的考試制訂一個目標。當你戀愛失敗的時候，不妨獨處一下，思考一下失敗的原因，反省自己在愛情中的不足，等待下一次愛情的到來。當你工作遇到困難時，不妨自己一個人躲起來，思考一下為何會造成這樣的局面。

一個人對我們來說並不是辛苦的，反而是一件很美好的事情，合理利用一個人的時間和空間，會讓你的生活多一份微笑，多一點快樂！

獨處也是一種能力

每當你一個人的時候，你會不會有種害怕、徬徨的感覺呢？

一個人的時候，你可能會感到手足無措、坐立不安。

你害怕一個人，你最討厭一個人。但是你有沒有想過，這個世界上不可能無時無刻都有人陪著你，你總有一個人的時候。雖然我們生活在社會的大團體中，雖然我們需要人和人之間的交流，但是，獨處也是我們每天生活的必需。

獨處也是一種能力，能夠在獨處時也時刻保持微笑的人，才是一個真正懂得生活的人！

你害怕一個人，平時總是呼朋引伴，但是，在歡樂過後，你會不會依舊感到空虛呢？一個人的時光總是不能消失，我們不妨學著適應一個人。當你真正適應了一個人，你會發現一個人的好處。

孤獨其實是一個人的狂歡。

一個人的時候，我們完全可以讓自己更加快樂，完全可以找尋到更多讓自己微笑的理由。你可以微笑著讀書，你可以微笑著聽音樂，你可以微笑著做些家事，甚至你可以微笑著做些以前從來不敢做的事情。

總之，一個人的時候，我們也應該從容、沉著，保持一份燦爛的微笑！

孤獨也微笑

孤獨不是寂寞，更加不是落寞。

一個人雖然孤獨，但是，卻能給你帶來前所未有的感受。

獨處是一種能力，當你擁有了這種能力，生活也會變得更加多姿多彩！

32

寬恕並不難，這不過是對心靈的洗禮

人非聖賢，孰能無過，每個人都會犯錯。當我們面對傷害過我們的人時，你會如何呢？是怨恨？是無視？是譴責？是報復？但是，為何你不選擇寬恕他呢？怨恨一個人是痛苦的，與其說是他人傷害了你，不如說是你自己在懲罰自己。如果可以，我們不妨試著去寬恕他人，在寬恕的那一刻相信你也會露出輕鬆的微笑。

一位朋友找到我，對我說：「我最近感覺心裡輕鬆多了！」

我不解地問：「輕鬆？怎麼回事？」

朋友頓了頓，說道：「因為我寬恕了一個我以為自己一輩子都不可能寬恕的人。」

我知道那個人是朋友的父親。朋友的父親在朋友四歲的時候，就置他和母親於不顧，毅然決然離開了他們。當時，朋友因為年齡小，還不懂得去仇恨父親，可是，他的母親自此卻陷入了深深的仇恨中，並且發誓一輩子不能原諒父親。在朋友成長的過程中，他的母親一直在對他講他的父親多麼多麼地無情，多麼多麼地冷酷。在母親這樣的思想灌輸下，朋友心中對父親的印象自然是惡劣的，他甚至不敢想像自己怎麼會有這麼一位父親。所以，他也曾經一度認為自己不可能原諒父親的所作所為。他知道：如果不是父親的離開，他和母親的日子也不會過得如此艱難！

隨著年齡的增長，朋友雖然心中還是十分痛恨父親，但是，他的心中也似乎有一塊大石頭般。大學的時候，父親曾經回來過一次，想要見見他，但是母親不肯，還一再叮囑兒子不可以原諒他。此後，同學就再也沒有了父親的消息，也不再談起這個人。

直到最近，一個女人找到了他，自稱是他父親現在的妻子，說是他父親病了，非常想見見他，希望他考慮一下。朋友很糾結，掙扎了半天，還是去了。原本以為，自己見到父親後會非常生氣，但是不僅沒有，反而十分平靜，他們對以往的事情隻字未提，只是聊了聊現在情況。

最後，父親對他說：「不管當時的情況如何，我離開你們母子是不對，希望你能原諒我。」朋友看著眼前這位陌生卻又和自己有幾分相似的人，竟然鬼使神差地點了點頭。

朋友說：「我也不知道我為何會輕易寬恕父親，不過，從那之後，我心裡確實輕鬆多了。或許我對父親的仇恨是受了母親的影響。現在，我雖然不知道當時他為何會離開我們，但是，我長大了，我也明白了，感情的事情很難說清楚，或許不僅僅是父親的原因。我不想讓仇恨一直埋在心裡，不管如何，事情得到了一個這樣的結果，我今後的人生也可能會輕鬆一點！」

很多時候，在別人傷害了我們之後，我們總是會恨恨地說：「我永遠不會原諒他的。」於是，我們就將這份仇恨和傷害放在了心底。但是，你有沒有想過，你為什麼不能選擇寬恕他呢？你沒有寬恕他人，說明你的心裡還在乎這份傷害，無法對這件事情釋懷，這對你來說，無疑是給自己的心靈增加了一個包袱而已。

如果你能夠輕鬆寬恕他人、原諒他人，說明你已經放下了仇恨和傷害，這對你來說，是不是也是一種對心靈的洗禮呢？

此時，你有沒有覺得你的微笑更加輕鬆了呢？

其實，寬恕了他人無疑是給了自己一個微笑的理由！

原諒，卸掉心靈的包袱

有這樣一句話，寬恕他人就是寬恕自己，事實上，情況確實如此。

當一個人心中懷著仇恨的時候，心靈上自然會有被壓抑的感覺，不管任何時候遇到任何事情，我們可能都會立刻想到那份仇恨，那份仇恨就彷彿一個影子，揮之不去，永遠壓在你的心頭。但是，當你一旦原諒了他，相信你緊皺的眉頭就會立刻舒展開來，即使你再想起這件事，也會覺得是一個故事罷了。

原諒了他人，等於卸掉了你心靈的包袱；包袱不在了，我們自然也就可以露出輕鬆的微笑了！

將仇恨裝在心裡，囚禁的是自己還是他人呢？

你在仇恨他人，但是，他人未必知道，他人也未必會對自己的行為有任何的悔意，你這麼做，既懲罰不了他人，反而將自己關進了仇恨的牢籠。你要知道，生活在仇恨中是一件多麼可怕的事情。

仇恨會讓人失去理智，仇恨會讓人心靈扭曲，如果你長期陷入仇恨中，必然會漸漸走入仇恨的怪異循環中。你不僅不會獲得更多微笑，反而可能因為仇恨做出一些極端的事情。

《聖經》中寫道：「對他人的錯誤，你必須留有餘地；對冒犯你的人，你必須原諒。記住：主已經寬恕了你，所以你必須寬恕其他人。」對犯錯誤的人，上帝都能夠寬恕，你為什麼不能夠寬恕呢？寬恕他人，不是為了解放他人，其實實質上是為了讓我們自己得到解脫，也是為了讓我們的生活多一點輕鬆的微笑！

寬恕讓微笑更多

寬恕，是一種態度，是一種能夠讓我們微笑的魔法。

一個能夠寬恕他人的人，必然是大度的人，他們不喜歡計較得失，不會用他人的錯誤來懲罰自己。寬恕他人的同時，不僅給了他人一個寬鬆的環境，也給了自己一片更廣闊的天空，他人沒有了心理負擔，我們自然也就輕鬆了！能夠寬恕他人的人，心胸是寬大的，宰相肚裡能撐船，正是對他們的寫照。他人的錯誤在他們這裡，不過是一片浮雲罷了！

能夠寬恕他人的人，必將擁有更多的快樂，因為他們能夠輕易原諒他人，所以在他們的內心不會有仇恨存在，在他們的心中只有快樂和包容。寬恕他人後，自己也應該是快樂的。因為你的寬恕，溶解了人和人之間的冰層，人和人之間的關係不再冰冷。與其說寬容是對他人的施捨，不如說是對自己的饋贈。

每個人都會犯錯，每個人身上也有我們不喜歡的地方，如果說我們不能寬大地面對這一切，我們會是如何的痛苦呢？所以說，無論面對什麼人、什麼事，如果我們都盡力用一顆寬恕的心去對待，我們的生活也必然會少一點煩惱，多一點微笑。

如果想要活得灑脫，活得自在，我們就應該學會去寬恕他人。

人的心靈空間是有限的，當你將那些傷害你的經歷都放在裡面時，那麼，快樂的空間就會少一點。一旦當你整個的心靈被傷害佔據，快樂又該放到哪裡呢？因此，記住仇恨不僅不會讓你快樂，反而會讓你失去快樂！

聰明的人都懂得去寬恕他人，因為他們知道，寬恕了他人無疑是給予了自己陽光。當心中充滿陽光時，你的臉上也就不會缺少微笑了！

讓傷痛隨風而逝

人們想要過得快樂，想要活得開心，那麼，就必須去學會寬恕。

寬恕其實並不難做到，只要忘記了該忘記的傷痛，我們就能做到寬恕他人！

雖然說寬恕他人是一件利人利己的事情，但是，很多人還是難以做到去寬恕他人。為何不去寬恕呢？其實，原因很簡單，那就是曾經的傷痛還沒有消除，或許你還對那些傷痛念念不忘。

對於傷痛，人們總是難以忘懷，有些人更是刻骨銘心，想要經常警醒自己。但是，這樣做你下次就不會再受傷害了嗎？下次再受傷的時候就不會痛了嗎？只能說下次的傷害依舊會痛，而且還有可能讓這次的傷口更深。

有些人不去寬恕他人，往往不是不能寬恕，而是太過於執著。他們固執地認為不該寬恕的人就是不能寬恕，可是，當你問起他為何不能寬恕時，他也根本回答不出來。這些人，只是因為覺得不該寬恕所以不去寬恕，其實，如果試著去寬恕一下他人，我們或許會感到更輕鬆、更快樂！

我們不妨讓那些傷痛隨風而逝，學會忘掉它們，這樣，你就能夠做到寬恕自己，同時也就不會讓傷痛困擾自己了！當傷痛不在，微笑也就會回到你的臉上了！

寬恕其實是一種態度，當我們能夠寬恕他人的時候，也就是我們生活最幸福的時候，也是我們的微笑最輕鬆的時刻！

寬恕也微笑

寬恕他人，目的並不是諒解他人，而是為了卸掉我們心靈的包袱，輕鬆上陣！

能夠寬恕他人的人是智慧的，因為他們懂得如何的人生才是最快樂的！

既然已經痛過了，那就讓傷痛隨風而逝吧！忘記疼痛，才能讓傷口徹底消失！

33

想哭就哭，發洩過後依舊笑對一切

生活有時會給你很多磨難，有時會讓你委屈，有時會讓你絕望。很多時候，面對生活的不公，我們並無法去解開，只能聽之任之。但是，一旦當你的承受力達到極限的時候，你會不會崩潰呢？生活多磨礪，想哭的時候，不妨大聲哭出來，哭過之後我們依舊還能微笑面對生活！

加班到很晚，回家的路上，一個人打開了廣播，一個頗受歡迎的談話類型的節目正在播出著。節目中，一個聽眾打來了電話。他的聲音聽起來有些疲憊，給人飽經滄桑的感覺。主持人問他：「你好，請問，我能為你做些什麼嗎？」

聽眾回答說：「我也不知道。不過，我的心情糟透了，我現在感到既無奈又委屈，我不知道生活為什麼這麼對我，難道我經歷的苦難還不夠多嗎？」

看來這又是一個失意的人。主持人循循誘導地說：「先生，不要灰心。如果可以，你可以在這裡將事情說出來，或許你的感覺就會好一點。」

聽眾說：「我工作很努力，可是上司就是看不見，同事每天工作偷工減料，卻因為會巴結討好，上司反而對他十分賞識。其實，和他相比，我的工作能力要強得多，他做的工作量還不如我一半多，我真的覺得很不公平。不過，這樣就算了，我覺得做人得對得起自己的良心。可是，最近同事不知道怎麼回事，總是在挑撥我和上司的關係，上司對我似乎意見也越來越多了。不是我的錯也會歸到我頭上，如果有了成績，永遠沒有我的份！」

主持人聽了以後，問他：「那你覺得你現在最想做什麼呢？什麼事情才能讓你發洩這樣的情緒呢？」

聽眾愣了一下，回答說：「其實，我真想大哭一場。但是，都說男兒有淚不輕彈，我怎麼能哭呢？」

主持人說：「雖然說男兒有淚不輕彈，但是，哭泣並不是懦弱的代名詞。不過是我們發洩不良情緒的一種方式罷了。如果你哭出來會緩解你的鬱悶，又何必硬撐著呢？這個社會已經讓我們很累了，該發洩的時候就要適當發洩。千萬不要委屈了自己！」

聽眾在主持人的勸導下，情緒已經明顯有了好轉。節目中，沒有發現他哭的跡象，不知道掛斷電話後，他會不會哭一下。對一個男人來說，哭泣似乎代表著懦弱，因此，無論遇到什麼事情，首先選擇的就是硬撐著。其實，哭泣有什麼呢？不過是對現實不滿的一種發洩而已。如果哭泣可以緩解你的不良情緒，我們為何不哭泣一下呢？

哭不是代表悲傷，而是情緒的宣洩，宣洩過後，我們的微笑會比原先更燦爛！

別硬撐著

男人和女人對比，女人的情緒似乎起伏更大一點，但是，女人卻有一點比男人聰明，那就是女人似乎有哭泣的資格，只要有不滿的地方，女人就會用哭泣來發洩，哭過了一切就都過去了。而男人則凡事都放在心上，反而將鬱悶積壓，得不到發洩的不滿會像石頭一樣壓在男人的心中。

其實，無論是男人還是女人，當我們心中有不滿的時候，大可不必硬撐著，想哭不妨大聲哭出來。眼淚流過，傷心也就過去了，不滿也就消失了，生活還是要繼續，微笑還會回到你的身邊！

你又不是傘，何必硬撐著！

但是，即使是傘，我們也有收起來的時候！

為什麼我們和其他人做同樣的事情，他人就可以自得其樂，我們卻悶悶不樂呢？很多人都感覺自己的壓力大，都感覺生活太累，其實，生活的苦和累都是我們自己給自己的。既然生活已經給了我們那麼多的苦難，我們為何還要讓自己陷入自己設計的苦難中呢？

凡事不要硬撐著，該發洩的時候就發洩吧！將不滿發洩出來，壞情緒就會悄然離開，微笑就會回到你的臉上！

偶爾放縱一下

情感是需要宣洩的，有的人喜歡用哭泣來發洩情緒，有的人則喜歡用運動來發洩。其實，不管我們用什麼方式，只要能夠將壞情緒發洩出來，都可以讓自己恢復常態！

很多人都擔心自己會被壓力打垮，其實，只要我們懂得宣洩，壓力不僅會消失，反而可能會變成動力，增加鬥志。

生活中，我們不必過分壓抑自己，偶爾放縱一下才能有利於身心的發展！

在閒暇時刻也不妨放縱一下自己，做一些平時不敢做的事情，或者就那樣無所事事地待著。偶爾的放縱不僅不會讓人消沉，反而能夠緩解身心的疲憊。不僅如此，放縱也是為了給自己更多微笑的理由！

利用一切可以利用的零星時間。午飯時間到了，你吃完午飯後，通常還會有一點閒置時間，這段時間你會做什麼呢？如果沒有其他事情，我們不妨趁著這段時間做些自己喜歡的事情，放縱一下自己。和朋友約個會、逛逛附近的商場、玩一會兒遊戲、到公園裡慢跑一下、和家人電話裡聊聊等等。這段時間，你可以完全放下手頭的事情，讓自己隨心所欲一番。即使只有幾分鐘時間，也能讓你的心靈有了喘息的機會。如果你覺得這些都不能滿足你，那麼，節日和假日無疑是放縱的好時機。在節日或假日裡，我們可以拋開所有的煩惱，給自己一段時間，放空自己，展開微笑，盡情享受美好的生活！

駕馭情緒其實很簡單

生活需要壓力，但是卻不需要壓抑，因此，我們該發洩的時候就要適當發洩，該哭就哭，該笑就笑，人生本來就應該隨意一些。

但是，即使這樣，我們有的時候依舊阻止不了壞情緒的到來。每當壞情緒到來時，我們總是控制不住，或鬱悶、或痛苦、或悲傷，有時還會無緣無故地絕望、發脾氣。之所以壞情緒會影響是我們，絕大多數時候都是因為我們不知道該如何控制情緒。其實，壞情緒的產生大多數來自於壓力，只要我們將壓力控制好了，壞情緒自然也會控制得很好。

或許你會說，情緒有時說來就來，自己很難掌握，其實，情緒並不難控制，只要我們掌握了一些方法，每個人都可以輕鬆駕馭情緒，做情緒的主人而不是被情緒牽著鼻子走。

控制情緒的方法有很多。比如轉移法，當你發現自己出現壞情緒的時候，可以轉移一下自己的注意力，做一些其他事情，也可以直接逃避這個事件，或許你的情緒就會好轉了。

比如自我安慰，當你出現壞情緒時，不妨自己對自己說一些安慰的話，當你精神上放輕鬆了，情緒自然也就會好很多。另外，還可採用宣洩的方式，做一些運動、看點笑話、做些刺激的遊戲等，當將你把內心的不滿宣洩出去了，情緒自己也就會好轉了。

不要說自己是個壞脾氣的人，其實，每個人都可以保持良好的情緒，關鍵是看我們如何去對待壞情緒。因此，我們要學會控制情緒，學會發洩壞情緒。

當雨過天晴，你依舊可以微笑面對一切！

哭過也微笑

覺得委屈了，想要發洩一下，那麼，不妨大哭一場吧！哭過後，一切也都過去了，微笑依舊燦爛！

覺得撐不住了，就放縱一下，給自己的心靈一個釋放的空間，讓人生閒適片刻！

情緒也是可以控制的，想要讓自己微笑起來，就要將壞情緒統統趕走！

34

不幸，其實是人生對你的小小考驗

人生，難免會遇到不幸的事情。當遇到不幸時，很多人都會因此消沉不起。是的，我們不喜歡不幸，不幸也會帶來痛苦。可是，當不幸來臨時，我們能避免嗎？既然不能，我們就要用一顆微笑的心對待那些不幸。其實，不幸也不過是人生對我們的小小考驗，正因為我們經歷了那些不幸，才能更加珍惜現在的幸福生活。

「我怎麼這麼不幸呢？」

「世界上不幸的事情都讓我遇上了呢？」

「幸運怎麼總是不能降臨到我頭上呢？」

生活中，當人們遇到不幸的事情時，都會如此感嘆。

不幸，是人們生活中最不願意碰觸的事情，誰都想要幸運一點。可是，即使我們極力躲避，不幸該來的時候還是會來。與其如此，我們為何不將這些不幸當作人生對你的小小考驗呢？

不幸終將過去，微笑始終都在！

在大家的眼中，Lang 無疑是成功的，事業有成、家庭美滿、生活安定，這樣的生活無疑是大多人羨慕的。可是，人生哪裡能夠一帆風順，一場不幸的車禍，讓 Lang 的人生從此改變了軌跡。

車禍發生後，Lang 被送往了醫院，所幸的是，Lang 的傷情並不嚴重，只是右腿骨折需要休養。當所有人慶幸的時候，醫生卻傳來了一個讓人傷心的消息，那就是Lang 的右腿並不是簡單的骨折，而是有可能永遠恢復不了了，也就是說，他的右腿就要殘廢了，他也就成了大家眼中的「瘸子」。知道這個消息後，大家刻意瞞住了 Lang，想讓他好好休養，而 Lang 因為不知道事情的真相，對此還很樂觀，覺得自己能活下來很幸運。

可是，紙終究包不住火，Lang 還是知道了事情的真相。得知真相後，Lang 先是不相信事實，後來就變得消沉了，將自己關在家中，誰也不見。看到他這個樣子，大家都很著急，可是也無濟於事。

然而，就在大家著急的時候，Lang 卻突然將朋友們召集到了他的家中，說是很想念大家，要聚一聚。對此，大家心裡非常擔心他想不開。誰知，到了他家，Lang 看起來不僅沒有任何頹廢之色，臉上還帶著微笑。大家心裡很疑惑，想要問個究竟，可是又擔心 Lang 不願提起傷心事，就都沒有人開口！

後來，Lang 自己開口了：「我知道大家肯定有很多疑問。不要問了，我告訴你們，我想開了，我不就是變成瘸子了嗎？那又有什麼呢？至少我保住了命。還有，至少我還沒有被截肢，腿保住了，雖然走路不太方便，至少我還可以自己行動。我算看透了，人生難免有不幸，我以後的路還長著呢！不能因為這點不幸就從此消沉不起吧！否則我以後的人生恐怕會更加難走！」

看著 Lang 臉上發自內心的微笑，我終於鬆了一口氣。我為 Lang 感到驕傲，也慶幸他走出了自己的心魔。

人生的不幸是誰都會遇上的，但是，我們如果為了那些不幸而放棄了人生，放棄了今後的微笑，豈不是更加可惜。與其如此，我們還不如將不幸當作人生的考驗，用微笑來戰勝不幸，用微笑來迎接新的生活！

人生難免不如意

人們常常會許願，希望自己夢想成真、天從人願，但是，現實卻並非如此。

很多時候，不是你想要什麼就能得到什麼，反而是會有很多不幸降臨，將原本屬於你的東西奪走。人生不如意十之八九，不幸也會隨時降臨。隨著年齡的增長，我們經歷的事情也會越來越多，人生的無奈和困難也會隨之而來。面對這些，我們又能如何呢？愁眉苦臉？哀嘆不斷？希望抵不過現實，既然現實已然如此，我們還不如繼續微笑，人生的小插曲過去就過去了，雨過終究會天晴！

很多人在遭遇了不幸之後，總喜歡對不幸的事情念念不忘，甚至到處和人訴說，似乎世界上最不幸的人就是自己。不幸每個人都會遇到，為何有的人還可以過得很幸福，有的人就從此一直不幸了呢？那就是因為對待不幸的態度所導致的。

不幸就好比是我們的傷口，既然已經受過傷了，我們需要做的就是默默撫平傷口。每一次的想念，每一次的訴說，無疑都是將剛剛癒合的傷口再度撕開，每痛一次，我們的微笑就會少一點，我們距離幸福的就遠一點。

既然知道人生難免不如意，我們又何苦深陷不幸而牽絆住奔往快樂的腳步呢？不要認為自己是這個世界上最不幸的人，其實，那些不幸不過是一些小不如意而已，只要邁過去了，一切也就會過去的。看到那些笑得最燦爛的人了嗎？不要以為他們的生活沒有不幸，他們不過是將不幸埋藏而已，他們把不幸當作人生的小插曲，而不是用一生珍藏的寶貝！

經歷不幸才能珍惜有幸

俗話說：是福不是禍，是禍躲不過。人生的很多經歷，我們是無法躲避的，尤其是人生的不幸，即使你想躲也是躲不掉的。不幸總是人生的突發事件，甚至有的時候會讓你措手不及，躲避根本來不及。但是，也正是因為這些不幸，我們才能更加珍惜有幸的生活，才明白了微笑的重要性。

經歷了生死離別，才會懂得珍惜生命的存在；

經歷了絕望，才能懂得有希望是多麼美好；

經歷了大起大落，才知道平凡的人生或許更好；

經歷了失敗，才能懂得成功並非偶然；

經歷了一些風雨，才能更加珍惜現有的美好……

遭遇人生的不幸並不是最糟糕的，糟糕的是，我們在經歷過不幸後，依舊不懂得珍惜有幸的生活。

不幸，帶給你的不應該只是那個不幸的結果，而是應該讓你懂得人生的真諦，讓你珍惜生活給予你的每一個微笑的理由！

人生是無情的，不幸說來就來，昨天看似幸福的生活，今天可能就會被那些不幸而擊倒。面對這些不幸，我們卻沒有選擇餘地。即使再苦再難，我們能做的也只是默默接受。

當不幸過去，人生恢復常態時，你會發現，收穫的不僅是不幸，而是更多堅強的品格。正是因為經歷了不幸，我們開始變得堅強、變得勇敢、變得更懂珍惜。從前一些小小的幸福，我們根本看不到，可是，如今，即使一個溫暖的小細節，就能讓我們開懷大笑。

這就是生活，經歷了不幸才更加懂得幸福，經歷了苦難才能獲得更多微笑！

感恩是消除煩惱的魔法

人生的不幸，雖然會帶來痛苦，雖然讓人鬱悶，但是，我們是不是依舊要懷著一顆感恩的心呢？即使是不幸，也是人生一段寶貴的經歷，我們是不是也應該感謝生命給予了我們這些不幸呢？

當我們在感嘆自己不幸的時候，你是否看見了這個世界上比你不幸的人還有很多。當你不幸的時候，你難道不應該看看你還擁有哪些幸福嗎？只要我們擁有一點幸福，我們便沒有理由不去微笑，而當你微笑了起來，我們的幸福也就會越來越多！

做為一個健全的人，你覺得聾啞人是不是很不幸呢？確實，聾啞人失去了聽力和說話的能力，他們的世界是無聲的，沒有美妙的音樂，沒有動聽的節奏。可是，做為聾啞人的小然卻不覺得自己不幸，反而因為一顆感恩的心而總是將微笑掛在臉上。

小然並非天生聾啞，只是小時候的一場高燒奪取了她聆聽這個世界的能力。但是，在父母的教育和引導下，小然並沒有因此而消沉，反而更加堅強地生活，學會感恩。長大後，小然也很優秀，成為了一名聾啞教師。

小然說過：「很多人覺得我是不幸的，但是我並不覺得，每個人都有每個人的不幸，也有每個人的幸福。我覺得我很幸福，愛我的人和我愛的人在我身邊，我就很感謝命運了！」

生活給予了我們不幸，但是，我們卻不能將不幸裝進生命中。不幸隨時都可能降臨，即使來了，我們也要懷著一顆感恩的心去對待生活。將不幸當作人生的小插曲、小考驗，你會更加快樂，也會獲得更多的微笑！

不幸也微笑

人生難免有不幸，既然不能避免，不妨就將不幸當作人生的考驗，總會雨過天晴！

人生的不幸不過是一種經歷，只有經歷過，才能更加珍惜現在的幸福！

懷著一顆感恩的心去對待生活中的每一個坎坷，因為那些也是生命賜予我們的珍貴禮物！

35

世界不全是你的，但至少你可以爭取一半

我們總想要得到更多，但是，你不可能擁有全世界。

很多人在達不到自己的目標時，就會消沉不起，其實，雖然你不能得到全部，可是，至少你還可以爭取一半。每個人的得與失都是平衡的，我們不能因為世界不完全屬於你就懊惱沮喪，而是應該去努力爭取那份屬於你的世界！只要能有一半，你就應該揚起微笑的臉！

朋友最近打算開一間工作室，可是，他預算了一下成本，覺得自己的實力還是稍微欠缺一點，尤其是管理方面，自己雖然有技術，可是，對於管理還有業務不太熟悉。我們建議他不妨找一個熟悉管理和業務的合夥人，這樣的話，工作室的營運可能會更好。

朋友說：「我也是這麼想的。但是，我也有點顧慮，本來工作室剛剛開張，生意可能不太好，利潤也不會太高，如果我和其他人合作，豈不是利潤更低。這樣一來，我總覺得太不值得了！」

聽到朋友這麼說，我勸慰他：「和其他人合作，你是不能得到全部的利潤，但是，如果你不和其他人合作，你能保證你的業務量能提升嗎？雖然合作了，你要分出去一半利潤給他人，但是，如果你不合作，恐怕連一半的利潤都沒有。得不到全部不要緊，至少你還有一半啊！」

朋友聽到我這麼說，思考了幾天，也終於想明白了，找了一個人進行合作。工作室在他們共同的經營下，蒸蒸日上。雖然朋友沒有得到全部的利潤，可是，那一半的利潤也已讓他很滿意了。

世界上的事情就是這樣，當你想要擁有全世界的時候，命運並不會滿足你，它不會給你全世界。與其如此，我們倒不如轉換一下思維，不要去追求全部，而是爭取其中的一半。這樣一來，你至少還有一半，而不是失去全部！

人性總是貪婪的，總是想要得到更多，對於任何事情總是想要全部得到。也有人說，這是一個人的追求所在，幹嘛只要一半，不要全部呢？但是，你有沒有想過，全部並不是容易得到的，苦苦追求全部，最後落得一無所有，我們為何不只要一半呢？一半又有什麼？至少你還可以擁有一半，雖然沒有達到既定目標，可是，實現一半我們是不是也應該知足呢？

能有如此想法，我們是不是就不用苦惱，反而得到了一個微笑的理由呢？因為你至少還有得到一半的機會！

沒有西瓜，守住芝麻

有這樣一個俗語：丟了西瓜撿個芝麻。這句話的意思是諷刺人們因為失誤或者貪婪，而將西瓜丟掉了，最後只撿到一個芝麻。俗語的意思包含著濃重的貶義，意在告訴人們不要因小失大。

但是，從我的角度看，既然西瓜已經沒有了，我們為何不守住芝麻呢？

西瓜和芝麻相比，自然是西瓜更誘人，那小小的芝麻又有誰會放在眼裡呢？

但是，這個世界上並不是人人都可以得到西瓜，反而是得到芝麻的更多一些。生活中，人們總喜歡給自己訂下一個目標，希望自己能夠夢想成真。可是，夢想成真豈是說實現就能實現的。當夢想破滅的時候，我們總是會沮喪。

你有沒有想過將目標訂得小一點、低一點呢？

當我們不能實現大目標的時候，實現一個小目標不也是一種收穫嗎？

在人生的路上，不怕收穫小，就怕沒有收穫。

很多人的眼中只有西瓜，一心只想要得到那個夢想中的西瓜，他們為了西瓜不惜付出任何代價，但是，到頭來卻是一場空。如果我們轉變一下思維，不再執著於西瓜，而是守住眼前的芝麻的話。雖然我們得到的不是全部的理想，但是，至少我們還有點收穫。

人生就是這樣，它或許不會滿足你的全部願望，卻不會讓你所有的願望都落空。不要覺得自己沒有實現目標，即使有一點收穫，也足以讓我們微笑起來，知足的人才會得到更多的微笑！

很多人不明白這個道理，當西瓜失去的時候，總是怨天尤人，自暴自棄，最後連芝麻也沒有守住。其實，得到了西瓜未必就是好事，而守住了芝麻卻能讓你不虛此行。所以，人要學會控制慾望，這樣才能得到更多微笑！

適可而止微笑多

人們常說：知足者常樂。如果一個人懂得知足，懂得適可而止，那麼，他的煩惱就會少一點，快樂就會更多一些。人的慾望是無限的，當我們得到一半的時候，就想要得到全部，當你得到了全部，就開始妄想他人手中的所有。這就是人性，永遠不知道滿足。但是，如果我們學會了適可而止，懂得能夠爭取一半就是幸福的，我們的世界是不是就會有更多的微笑呢？

懂得適可而止的人，必然是快樂的人。他們不會羡慕他人的所有，因為他們將目光放在了自己的所有。

他們不會因為沒有大房子而煩惱，卻會因為有一個溫馨的家而感到幸福；

他們不會因為沒有金錢而沮喪，卻會為生活中的小溫暖而感動；他們不會因為看到同事升職加薪而鬱悶，卻可以為了得到一個小獎勵高興半天。

所以，知足的人是快樂的，他們知道世界不是自己的，也懂得守住和爭取屬於自己的那一部分！

懂得適可而止的人，必然是智慧的。他們看起來似乎不上進，不知道爭取更多，但是，他們卻展現了大智若愚的道理。智慧的人，是不會去爭取那些無謂的東西，既然知道不屬於自己了，何必去糾纏呢？那些凡事都想要爭取最好的人，最後反而可能會一無所有。

適可而止的人，不是沒有追求，只是他們將現實看得更清楚，懂得何時放手，懂得何時珍惜，所以，他們容易滿足，也容易得到幸福。更讓人佩服的是，也正是因為懂得了適可而止，他們不僅沒有失去太多，反而能夠擁有更多！

知足常樂，適可而止，才是我們追求的微笑生活！

永遠不要氣餒，未來總有希望

很多人在失敗後，總是會感到很氣餒，甚至從此一蹶不振。但生活怎會沒有絆腳石呢？只要你活著，總會有跌倒的時候，所以，我們永遠不要氣餒，未來總是有希望在的！更何況，我們也沒有失去全部，不過是失去了一半的天空。

朋友的公司最近形勢不好，說要裁員，即使不裁員的人也可能會降低薪水，搞得整個公司都人心惶惶。終於，裁員和降薪的名單出來了。朋友雖然沒有被裁員，但是卻降低了薪水。朋友起初也很鬱悶，薪水降低了，意味著從此以後的生活開銷要節約了。不過，沒過兩天，朋友就想通了。幸虧自己只是降薪，如果被裁員了，豈不是更慘，不僅沒有了收入，還要重新開始找工作。於是，朋友不再說什麼，只是帶著微笑更努力地工作，她覺得未來還是有希望的。

是的，我們雖然失去了一些東西，但是，並沒有失去全部，至少還有一半屬於我們，我們又何必氣餒呢？雖然未來的日子是不可預見的，可是，只要我們努力，希望總是存在的，生活也會變得越來越美好！

不能得到全世界，起碼我們可以爭取一半。

只要心中有希望，生活就能越來越好，微笑也就能越來越多！

一半也微笑

你不可能得到全世界，但是，至少還可以擁有屬於自己的那一部分！

學會知足，懂得適可而止，慾望是無止境的，只有知足，才能得到真正的快樂！

未來總是充滿希望，即使你不能實現自己的全部理想，也不要對未來氣餒！

36

跑不動了，不妨停下腳步放慢自己

在這個追求速食的時代，我們做什麼事情都希望快一點，因此，忙碌也成了很多人的通病。但是，在我們匆忙的腳步中，又得到些什麼呢？

為什麼我們要快一點，必須要那麼忙碌呢？我們不是機器，也會感覺累，也會感覺苦。此時，如果你跑不動了，不妨放慢腳步，放空自己，給自己尋找一個微笑的理由，給自己一個喘息的機會！

凱文可是一個大忙人，通常要找他，即使提前預約都不一定能夠見上他一面。用他自己的話說，那就是在地面的時間還沒有在天上的時間多，堪稱標準的「空中飛人」。

這天，我突然接到了凱文的電話，他說：「有時間沒？出來坐坐。」

我聽了，大吃一驚，調侃他說：「你這個大忙人，怎麼會有這時間啊？你這坐一坐可是要損失多少收益啊！」

凱文聽了後，大笑起來，說道：「不要挖苦我了，我現在正休假呢！打算休息一個月，至於以後要不要那麼努力工作，我還得再思考一下。」

聽到凱文這麼說，我就知道這其中必然有淵源，於是就和他約了時間一起喝茶。看到凱文，我有點愣住了，半年多時間沒有見面，他不僅瘦了很多，看起來還有一絲憔悴。我立刻問：「你怎麼變成這副鬼模樣了？病了？」

凱文苦笑一下，說：「你還真神啊！我確實是病了！」接著，凱文就給我講起了這段時間的經歷。

凱文的工作很忙，自然這也是凱文樂意的生活方式，一方面可以給家人富足的物質生活，另一方面也可以實現自己的價值。凱文原本以為，這樣的生活會一直持續下去。可是，在一次的例行體檢中，他竟然被檢查出罹患嚴重的胃潰瘍，醫生建議住院治療，最後還切除了一小部分，更加讓人驚駭的是，醫生說再發展下去的話可能就是胃癌了。聽到這個消息，凱文也很吃驚，他的胃一直不好，可是沒有想到竟然到了這麼嚴重的地步。

根據醫生的建議，凱文不得不暫時放棄工作，住進了醫院治療。剛開始時，凱文也十分煩躁，後來，經過家人和醫生的不斷勸慰。凱文也想明白了，決定將工作拋到一邊，安下心來養病。在養病的期間，凱文想了很多，最後竟然有些頓悟了。他突然覺得自己以前的生活似乎太繁忙了，除了工作，其他的東西幾乎都忽略了。工作是為了什麼，不就是為了得到更好的生活嗎？可是，當生活中只剩下工作和繁忙，工作還有什麼意義呢？於是，凱文在出院後，決定繼續休養一段時間，甚至他還打算換一份輕鬆的工作，好好享受生活，放慢自己的腳步，多抽出時間來享受和家人、朋友在一起的美好！

聽了凱文的經歷，我從起初的擔心轉變為了慶幸。擔心是因為他的疾病，不過所幸已經治癒。慶幸是因為他因禍得福，看透了一個生活的真理。

我們總是希望跑得快一點，這樣就可以得到多一點，理想也可以實現快一點。但是，我們也有跑不動的時候，這個時候，為何不放慢自己的腳步，讓自己歇一歇呢？

很多時候，人們因為忙碌而忽略了生活中的一些細節，比如微笑。因為太快了，所以你可能連微笑的時間都沒有了。跑得快又能得到什麼呢？如果因為追求更多而忽略了微笑，那麼，我們豈不是捨本逐末，失去了生活的本質？

累了，就休息；睏了，就睡覺。

生活是沒有止境的，但是，我們卻必須懂得珍愛自己，懂得享受生活，懂得時刻給自己一個微笑的理由！

累了，就停一停

當我們感嘆生活太累的時候，你有沒有想過停下來休息一下呢？

我們的生活每天都是匆忙的，匆忙地上班，匆忙地吃飯，匆忙地睡覺，匆忙地奔走。在這匆忙中，你沒有一刻的休息，但是，你是不是也有跑不動的時候呢？如果你跑不動了，累了，不妨就停下來吧！生命是有盡頭的，生活卻是無止境的，有的時候，我們為了一個目標，就放棄了沿途的美麗風景，當目標達到時，我們才會發現，自己錯失的不僅是風景，而是更美好的人生。

當我們還年輕的時候，我們總覺得自己應該積極努力奮鬥，於是，我們就會用盡全力去向前奔走，我們想要實現自己的願望，我們想要追求夢寐以求的生活。年輕的我們，可能會以為自己還很青春，所以可以堅強地撐過任何的困難和苦痛，我們雖然會累，卻也從來沒有想過停下腳步。甚至很多人會認為停下腳步無疑是在浪費時間，前面如此好的風景，怎麼能不快一點向前奔走呢？當你真的到達前方的時候，你就真的心滿意足了嗎？

有這樣一個故事，說的是一隻小老鼠想要到路的盡頭看看，於是，牠就拼命往前跑啊跑，即使累了，牠也不願意停下來休息一分鐘。最後，牠終於來到了路的盡頭，可是，牠看到僅僅是一棵樹而已，和沿途的風景相比，這棵樹顯得孤單又憔悴。

小老鼠為了看到路的盡頭，不願意停下一分鐘，可是，最後的結果呢？不僅沒有看到更美的風景，反而錯過了沿途美麗的風景。

我們有的時候也是一樣，為了一個目標一刻不停，最後目標雖然達到了，卻錯過了人生的美麗風景，而這些風景卻是再也不會回來了。因此，當我們累了，跑不動了，不妨停下腳步，用一個微笑的心態，欣賞一下沿途的風景，好好享受一下人生的美好！

放慢腳步，讓人生有一個喘息的機會

有些人做事，總喜歡講究效率，當我們忙起來的時候，更是可以忽略許多的其他事情。

你忙，所以當你接到朋友或者家人電話時，總是匆匆寒暄幾句，就掛掉了電話；

你忙，所以吃飯都沒有享受美食的心情，匆匆幾口就結束了午餐時間；

你忙，所以你對身邊的風景總是忽略，家門口何時多了一棵合歡樹或許你都沒注意到……

忙已經成了我們的藉口，難道我們就真的這麼忙嗎？難道我們必須步履匆匆嗎？其實，我們大可不必這樣，很多事情，我們也沒有必要那麼急著去做，所以，我們不妨放慢腳步，學會享受生活，給人生一個喘息的機會，別讓自己太累了！

生活的目的不是要達到終點，而是為了享受過程。

試想一下，忙碌的生活帶給了我們什麼呢？讓我們好好享受生活了嗎？因為忙碌，我們不得不犧牲休息的時間，犧牲和家人、朋友在一起的時間。每天，華燈初上的時候，我們拖著疲憊的身體行走在車水馬龍的城市中。在我們的臉上，充滿了疲憊帶來的憔悴，我們的眼睛失去了熠熠光彩，因為趕時間，即使再漂亮的風景也進入不了我們耷拉的眼皮。

這難道就是你想要的生活嗎？

不，真正的生活應該是美好的，我們應該是輕鬆的，我們應該是面帶微笑的！所以，請放慢你的腳步來享受生活吧！

人生是需要有追求的，但是，也是需要有喘息機會的，如果為了追求而讓自己疲憊不堪，追求實現了又如何呢？忙碌不是藉口，趁著年輕，給人生一個喘息的機會，給自己找一個微笑的理由，也享受一下「東籬採菊、南山飲酒」的愜意生活吧！

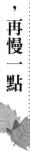

慢一點，再慢一點

多數時候，我們聽到的聲音就是「快一點、快一點」，很少聽到有人說「慢一點、慢一點」，為何我們要快一點，不能慢一點呢？現在開始，我們不妨告訴自己，慢一點，再慢一點。有時候，快一點並不比慢一點好，慢一點反而能讓你得到更多。

慢一點，雖然速度可能減緩了，但是，我們可能會將後面的道路看得更清，不僅不會讓你迷失方向，還能看到沿途設置的陷阱。

慢一點，你或許會比他人晚一點實現目標，但是，卻能夠更好地權衡得失，不會因為一點點的挫折而喪失動力。

慢一點，你或許錯過了這班公車，可是，卻趕上了另一班捷運。

慢一點，你或許……可是……

其實，慢一點有什麼不好，人生原本就會有很多錯過。慢一點雖然錯失了一個微笑的機會，卻給你另一個微笑的理由，既然如此，慢一點又何妨呢？因此，慢一點又何妨，人生的精彩正是有了過程，而非結果！

慢一點，其實也是一種人生態度，慢又如何，同樣可以享受到生活，同樣能夠達到目的。慢一點，不過是為了更好地領略人生的過程，人生匆匆而過，慢一點反而不會讓你因為錯過風景而留下遺憾！

試著讓自己慢一點吧！相信，你能得到更多微笑！

跑不動了也微笑

慢活，是人生的另一種境界，其實很多時候，我們沒有那麼快，慢一點，或許更加適合你！

人生需要停歇，人生需要喘息，放慢腳步，不是鬆懈，而是為了更好上路！

累了，就停下來，勉強支撐只會讓你更加疲憊！

37

不能擁抱大海，還有身邊的小溪可以欣賞

很多時候，我們總是嚮往外面的風景，總是覺得外面的世界是美麗的。於是，我們一心想要到達自己理想中的世界。可是，世界上沒有完美的事情，也沒有那麼多心想事成。你想要擁抱大海的廣闊，可是大海卻給了你一個浪頭。其實，生活就是這樣，遠方的世界並不一定是美好的，既然不能擁抱大海，我們為何不欣賞身邊的小溪呢？或許，這邊的風景更好！

隨著世界的變化，人們的思想也跟著有了很大的變化。現在的人，已經很難滿足於自己的生

活圈，大多數人都是嚮往遠方。

遠方的風景究竟有多美麗，難道我們眼前就沒有吸引你的地方嗎？

難道只有遠方的風景才能給你帶來微笑，而身邊的風景就不能讓你展現笑容？

Clemmie 就是一個這麼嚮往著遠方的女孩子。Clemmie 從小就生活在這座城市裡，從小學到大學，再到工作，從來沒有離開過這個城市。因此，她對外面的世界充滿了好奇和嚮往。每當 Clemmie 聽到外面朋友的消息時，總是一臉憧憬地說：「如果我能夠到外面去闖蕩一番多好。我的生活太沒意思了，每天的生活範圍就是這個小圈子，我都看膩了。」

終於，一個夢想成真的機會來臨了。公司有一個外派的任務，需要到外地駐守一年。聽到這個消息後，Clemmie 十分興奮，立刻就報了名，最後，她終於如願以償前往外地工作生活。臨走前，Clemmie 興奮地對我們說：「我要走了，我終於要去過自己想要的生活了，外面的世界那麼精彩，我再也不用待在這個地方了！」

看著 Clemmie 一臉的興奮，大家都覺得既好玩又搞笑，其實，外面的世界未必精彩，眼前的風景也未必沒有欣賞價值。

兩個月後，我在網路上碰見了 Clemmie，就問起了她的生活，我以為她會很興奮，結果，她卻十分沮喪。她說：「我對這個陌生的地方一點都不熟悉，雖然這邊風景很美，可是，我卻總是不能適應，看來我還是比較適合我生長的地方。等到外派結束後，我立刻就回去。」

半年後，Clemmie 回來了，她說：「哎呀，看來我還是去學會欣賞身邊的風景吧！外面的世界不適合我，即使精彩，我也不過是個過客而已。」

這次外派之行讓 Clemmie 徹底打消了到外地發展的念頭，開始安心工作和生活了。

其實，外面的世界並不一定精彩，很多時候，我們的嚮往不過是好奇心驅使而已，一旦你真正去實踐時，未必會得到你想要的結果，反而是身邊的風景能給你更多微笑！

如果我們不能擁抱大海，為何不轉過頭欣賞身邊的小溪呢？

大海或許能夠讓你開懷大笑，可是，小溪就不能讓你微笑了嗎？

不能擁抱大海也不用沮喪，因為至少你身邊的小溪還在。雖然小溪沒有大海的洶湧，但至少能夠源遠流長、曠日持久！

接受世界的不完美

每個人都嚮往完美的世界，於是，大家總是在不斷追求，想要獲得更好的生活。但是，世界是不完美的——想要欣賞大海，卻不能夠美夢成真——與其如此，我們倒不如坦然接受不完美的世界，學會欣賞身邊的小溪。

至少還有小溪在，並不是無風景可以欣賞，這難道不是我們一個可以微笑的理由嗎？

有一個年輕人，希望能夠撿到一顆漂亮的珍珠。於是，他就苦苦在沙灘上尋找。終於，皇天不負苦心人，他找到了一顆美麗又碩大的珍珠。不過，讓他感到沮喪的是，這顆珍珠上面有一個小小的斑點，因為有了小斑點，完美的珍珠變得不完美了。於是，年輕人想，如果我將這個斑點去掉，珍珠不就可以變得完美了。於是，他就拿著小刀刮了一層，可是，斑點依舊在。他不放棄，繼續刮，結果刮到最後，斑點沒有了，珍珠卻毀壞了。年輕人很後悔，如果不是自己追求完美，那麼，他就能擁有一顆漂亮的珍珠了，可是，他現在卻永遠失去了它。

很多人都和故事裡的年輕人一樣，總希望追求完美，可是，卻忘記了這個世界是很難有完美存在的。因此，我們必須學會接受不完美。

我們應當用一顆寬容的心來對待這個世界的不完美，包括自己的不完美和他人的不完美。更多的時候，我們也應該慶幸，雖然不能擁抱大海，但是至少可以欣賞小溪啊！雖然世界不完美，但是至少我們還能夠給自己一個微笑的理由！

凡事往好處想

世界上的事情，其實並沒有好與壞之分，只是因為我們的想法不同而已。如果一個人能夠凡事往好處想，那麼，他的生活中一定時時充滿陽光，即使有了陰雨，他也會將此當作美妙的音樂來欣賞。如果一個人遇事只想壞的一面，那麼，即使外面陽光燦爛，他的內心也是黑暗的。

當你只能欣賞身邊的小溪時，往好處想的人，一定會微笑著慶幸，至少還有小溪在啊，總比什麼都沒有好吧！用正面的思維來思考問題，我們也能獲得更多的正能量，生活也會多一些微笑的理由！

凡事多往好處想，心情自然就會開朗起來，微笑也就會多起來。如果只是盯著一面看，我們難免會鑽牛角尖。既然事情已經發生了，我們何必去苦苦追究呢？用一顆豁達的心去看待生活，生活也會更加美好！

當你下班路上遇上大雨時，你會怎麼想呢？如果你是一個凡事往好處想的人，或許會覺得天氣如此乾燥，這場雨來得真是時候，可以滋潤大地了，自己雖然淋雨了，但是雨中漫步也別有一番滋味。如果你這麼想了，這場大雨不但不會影響你的心情，反而會讓你展開微笑！

教育家卡內基說過：「如果我們有著快樂的思想，我們就會快樂。如果我們有著悽慘的思想，我們就會悽慘。如果我們有害怕的思想，我們就會害怕。如果我們有不健康的思想，我們就會生病。」因此，如果我們凡事能夠往好處想，我們的生活也就會變得越來越好，即使只是那麼一條小溪，我們也能從潺潺流水中獲得更多的微笑！

不要忽略身邊的風景

一次，和朋友聊天聊到了一處風景，不僅大聲讚歎風景的美麗之處，還拿出了照片讓我看。我一看，確實挺美的，湖水清清，柳樹成蔭，不愧是一個週末休閒的好地方。於是，我問這麼美的風景在哪裡啊？朋友很吃驚地說：「你不知道這個地方嗎？那個離你家很近啊！就是那個城郊的公園，我感覺修建得很不錯。你應該去過。」

經過朋友這麼一說，我突然想起來了，那個地方離我家確實不遠，我也去過幾次，可是，我就怎麼沒有發現那裡的風景如此美麗呢？在我的眼中，它不過是一個普通的公園，甚至還覺得毫無特色。

人就是這樣，對於遠方的風景總是很嚮往，總覺得遠方的風景才是美麗的，而對於身邊的風景，即使很美，也會容易忽略。因為我們的忽略，所以那些風景的美麗就被埋葬了，不是消失了，而是在我們的心中銷聲匿跡了。

或許這就是人性，太容易得到的東西，我們反而容易忽略，而對於那些不容易得到的東西，反而越是嚮往。

其實，身邊的風景未必不美，遠方的風景未必秀麗，只是我們的心態不同而造成了風景之間的差別。

大海好？還是小溪好？

如果你的身邊一直是大海，或許你也會厭倦了大海的狂野，反而嚮往小溪的平靜。仁者見仁，智者見智，對於風景的不同看法，每個人都有自己的喜好。只是因為我們看多了，就忽略了身邊的風景。

不同的只是我們的心境。

不要忽略身邊的風景，學會欣賞每一處的美麗，學會從平凡中找尋微笑的理由！

缺憾也微笑

世界是不完美的，不要一味去追求完美，試著接受不完美，生活才會變完美！

凡事往好處想，做一個積極向上的人，我們才能獲得更多的幸福！

身邊的風景同樣美麗，不要因為去追求所謂的大海，反而忽略了身邊的小溪！

38

我一無所有，但我擁有健康

你有沒有到一無所有的地步呢？如果當你一無所有了，你又會如何呢？人生總是有很多意外，如果你一無所有了，也不要消沉，至少你還有擁有健康！健康的身體，這其實就是你最大的財富。健康的身體是一切的基礎，只要擁有健康，也就有了擁有一切的可能！

說到破產，恐怕很多人都會感到十分恐懼，即使你沒有多少財富，可是，一夜之間全都沒有了，相信還是很難接受的。不過，如果你真的遇上了這樣的事情，你又能如何呢？

朋友永遠也沒有想到自己也有破產的那天，可是，這樣的事情偏偏就落到了他的頭上。一無所有的他，只能和家人暫時借住在朋友的房子了。面對這樣突如其來的災難，朋友確實有點接受不了，他不明白，自己那麼努力地去創業、去工作，可是到頭來竟然落了一個一無所有的結果。是的，這樣的事情無論發生在誰的身上都是很難接受的，更何況，朋友還要養活一大家子的人，難過也是正常的。

因為對生活過於失望，朋友有點排斥社會，不願意出去找工作。這天，我前去找朋友，希望能夠開導開導他。

此時的朋友，已經失去了往日的風采，滿臉的頹廢，一身的無奈。見到他，我吃了一驚，不過倒也能理解。倒是他自己苦笑著嘲諷自己說：「我現在一無所有了，再也不用去為公司的事情發愁了！」

我笑著說：「你怎麼會是一無所有呢？你只是沒有錢了而已。」

朋友說：「沒有錢還不夠啊？這難道不是一無所有嗎？」

我說：「錢沒了還可以再賺啊！你看你，身體健健康康的，完全有能力東山再起，何必如此消沉呢？更何況，你的家人也還在啊！他們並沒有離你而去，一家人在一起不是比什麼都重要！」

朋友依舊悲觀地說：「那又怎樣？我們很快連吃飯都成問題了！」

我繼續說：「沒有聽說過一句話嗎？留得青山在，不怕沒柴燒。既然你們都是健康健全的人，就會重新過著幸福生活的。金錢不是生活的全部，健康和家人才更重要。你好好想想吧！」

後來，朋友終於出去找了一份工作。我不知道他是真的想通了，還是生活所迫。但是，他終究沒有再消沉下去，這就夠了！

很多時候，我們都以為自己一無所有了，但是，卻很容易忽略我們本身所擁有的巨大財富，比如健康、愛等。尤其是健康，很多人都將健康認為是理所當然的事情，認為這是與生俱來的東西，因此並不珍惜。但是，你不知道的是，其實健康才是我們最大的財富，如果沒有了健康，就沒有了一切。

金錢不過是我們生存的一部分，甚至說只是一小部分。

如果你擁有一個健康的身體，你就擁有了微笑的理由，健康勝過一切！

有了健康，才會有微笑！

擁有健康便擁有幸福的可能

有這樣一個故事，一個鬱鬱不得志的年輕人對著一個老人在抱怨：「你看我，一無所有，沒有工作，沒有金錢，沒有事業，沒有愛情，我都不知道生活在這個世界上有什麼意義。」

老人說：「年輕人，如果我給你兩百萬，你將雙眼給我，怎麼樣？」

年輕人愣了一下，回答說：「當然不可以，我可不能當瞎子啊！」

老人繼續說：「那我給你三百萬，你將胳膊給我，如何？」

年輕人搖著頭回答說：「不，不，怎麼可以這樣呢？多少錢都不行。」

老人接著說：「那我給你五百萬，讓你失去雙腳。」

年輕人有點恐懼，瞪大雙眼說：「您真會開玩笑，相信沒有人會答應的。」

老人笑了笑，說道：「年輕人，你都是千萬富翁了，怎麼還抱怨自己一無所有呢？」看著迷惑的年輕人，老人接著說：「你看，你擁有健康的身體，我給你那麼多錢，你都不願意失去它們，難道你不是一個富有的人嗎？健康的體魄正是你巨大的財富啊！」

健康不僅是人們最大的財富，還是人們生存的基本，如果沒有了健康，我們即使擁有再多的金錢又有什麼用呢？可是，健康卻也是人們最忽略的財富。

當很多人在感慨自己沒有金錢和物質的時候，從來沒有想到過如果自己沒有了健康是多麼可怕的事情。因為健康來得太過容易了，所以很多人不僅不珍惜健康，反而一味地輕賤健康，甚至用健康去換取所謂的財富。到頭來，所謂的財富雖然有了，可是，健康卻沒有了，孰輕孰重，也只有那些失去健康的人才能看透！

擁有健康，才能擁有幸福！

人們總是想要追求更多的幸福，可是，在追求的過程中，卻總是忽略健康這個幸福。

如果你一旦將健康丟棄了，想要回去再將此撿起卻是一件極其困難的事情。甚至很多時候，你拋棄了健康，健康也會無情地離你而去，永遠不再回來。健康本來是一件再簡單不過的幸福了，可是，就是因為人們的忽視和隨手丟失，健康也成為了人們難以把握的幸福。

有了健康才擁有幸福，你健康了，家人才能安心；

你健康了，事業才有可能風生水起；

你健康了，人生才能更加快樂！

千萬不要說你一無所有，擁有健康就是最大的幸福。同時，我們也要珍愛生命，不要等到失去了才知道珍惜！

珍惜你的所有

不要總說自己一無所有，難道你真的一無所有嗎？

環顧一下你自己，你是不是擁有健康的身體？

你是不是擁有愛你的家人？

你是不是擁有親密的朋友？

你是不是擁有相互扶持的配偶？

……

難道這些不都是你的財富嗎？難道你還能說自己一無所有嗎？如果一個人能夠擁有健康已經是很大的幸運了，而我們不僅擁有健康，還擁有各種愛——親情、友情、愛情，難道我們就不該珍惜自己所擁有的這一切嗎？

一個人只有學會了珍惜所有，才會擁有更多微笑的理由！

珍惜生命。生命只有一次，如果失去了就很難挽回了。很多人不懂得生命的重要性，覺得這是自然而然的事情，但是，你要知道，生命是脆弱的，是需要我們呵護的，任何不慎的行為都是在透支我們的生命。不僅如此，生命的軌跡只有一次，過去了就過去，如果浪費了時間，生命也將不會再重演。因此，能夠活著就是最幸福的，所以你要微笑起來！

珍惜生活給予你的愛。生活中最不能缺乏的是什麼？或許有些人認為是金錢，如果這樣想，那就大錯特錯了，生活中最不能缺少的就是愛。無論是親情、友情，還是愛情，都是我們生活的必需品，這些也都是值得我們珍惜的那份愛。

親情是我們躲避風雨的港灣，無論何時，無論何地，只要有親情在，我們的生活就是溫暖的。

友情，是生活的慰藉，會消除你的煩惱，給予你更多歡樂。

愛情，猶如一杯醇香的酒，會讓你陶醉，也能滋潤你的心田。

生命很短暫，生活也許會有很多煩惱，但是，只要我們擁有這些愛，我們的生活就是美好的。

所以，如果你的生活中不缺少愛，是不是就應該經常微笑呢！

人生路上難免荊棘，你或許會一無所有，但是，也要學會珍惜。

珍惜你的所有，你才能更加幸福，你才會獲得更多的快樂！

健康也微笑

不要認為你一無所有，即使沒有任何的物質財富，只要擁有健康，我們就是富有的！

與其抱怨自己沒有得到的東西，不如珍惜現在擁有的東西，珍惜你所有的，才能更加幸福！

39

不能改變世界，但我可以改變自己

很多人對自己的生活不滿意，於是，他們開始怨天尤人，抱怨這個世界的不公平、不完美。雖然我們的抱怨聲不斷，但是，世界就因此而改變了嗎？並沒有，我們的抱怨不過是增加自己的煩惱罷了。既然如此，那麼就請趕緊停止抱怨。如果世界是無法改變的，我們為何不試著去改變自己呢？或許改變了你自己，世界也就會變得不同了！

Sean是一個總愛抱怨的人，他對這個世界充滿了不滿。生活中，總聽見他抱怨這個不好，那個不行，總之，這個美好的世界在他的眼中就是一團糟。

這天聚會，大家聊著聊著，Sean又開始了他的抱怨。

「最近真是煩透了，公司、家裡一堆事情。我已經在這個公司這麼多年了，這次升職，連進公司沒有我久的人都升職了，可是偏偏沒有我的份，我就很不理解了，難道是我工作不努力嗎？

我挺努力的啊，憑什麼上司看不見。家裡呢？也是一堆煩惱，房子貸款還有一大筆錢，孩子花銷日益增加。我有時覺得壓力好大，即使想辭職，也不敢吶！」

對於 Sean 的抱怨，大家沒有太大的反應，因為大家已經聽過太多了。Sean 自從到了這個公司以後，對公司就有諸多不滿，可是，做了這麼多年還是依舊捨不得離開。既然不滿，那就離開，可是他卻沒有離開的勇氣。因為收入有限，Sean 只能貸款買房子，但是，這些貸款似乎就成為了他心中的大石頭，有事沒事總說自己壓力大。其實，在抱怨的時候，他也不能改變現實，公司不會因為他的抱怨就給他升職加薪，貸款也不會因為抱怨而減少絲毫。與其如此，他還不如接受事實，不如從改變自己做起。不僅如此，他的抱怨還在無形中讓微笑減少了，損失了微笑，人生是不是就少了點陽光呢？

這個世界就是這樣，總是有很多無奈，當我們無法改變世界時，為什麼不改變自己呢？就像 Sean 一樣，他既然覺得公司不合適，要嘛離開，如果不想離開，那就放下抱怨努力工作，我相信只要他努力工作了，肯定能得到上司的肯定。至於房貸，為何不換個思維來看待呢？很多人還沒有自己的房子呢！而 Sean 已經購買了自己的房子，這豈不是應該慶幸的事情嗎？

世界上很多的事情，我們是無力改變的，也無法掌控的，但是，我們卻可以掌控自己。就像尋找微笑的理由一樣，微笑其實無時無刻都存在的，只是我們忽略了而已，只要你想要微笑，任何時候你都可以找到理由！

停止抱怨

當你看到桌子上有半杯水時，你會發出怎樣的感嘆呢？

一種是認為還有半杯水，再加一半就滿了；另一種則是怎麼只有半杯呢？

能夠有第一種想法的人，肯定是一個樂觀的人，他們通常不會抱怨這個世界，他們不會覺得世界不美好，任何的時候他們總是能夠往好的方面想，因此，他們得到的快樂也就會多一點，任何時候他們都能找到微笑的理由。

第二種則不同，他們必然是消極、頹廢的，他們在放眼世界的時候，看到的都是醜惡和不滿，他們的生活充斥著抱怨和不滿，內心的負面情緒高漲，所以，他們很難快樂起來，在他們的臉上很難找尋到微笑的蹤跡。

既然你不能改變你所抱怨的世界，為何你還要抱怨呢？

抱怨，其實是最無用的舉動，無非是讓自己更加不滿，無非是讓自己失去奮鬥的動力，對於你抱怨的事物沒有一點干擾和影響。生活中難免有煩心事存在，即使是一輛擁擠的公車、一場突來的暴雨都會毀了我們的好心情。可是，當你抱怨的時候，公車就會不擁擠了嗎？暴雨就不會來臨了嗎？

還有一些人，不僅抱怨這個世界，甚至還會抱怨自己，比如抱怨自己沒有好工作、賺不到大錢、不夠冷靜、不夠漂亮等等。可是，你有沒有想過，即使你抱怨得再多，那些幸運的事情就會降臨到你身上，你就能夠變得沉穩、美麗嗎？當然不會，你的抱怨只會增加你的自卑，甚至讓你消沉不起。抱怨既然沒用，那麼，我們要做的就是停止抱怨。

停止抱怨吧！停止這些無用的行為吧！想要改變自己的生活，我們就要改變抱怨的習慣，改變自己，轉變思維。抱怨越多的人，受傷的程度越深，停止抱怨，會讓你得到更多微笑和快樂！

改變自己，改變思維

世界不完美，生活有缺陷，當我們在極力抱怨生活的醜惡和不完美時，我們有沒有想過首先要改變自己呢？其實，不完美總是存在的，缺陷也是不會消失的，如果我們改變了自己，轉換了思維，生活就會變得更加幸福！

有一個養尊處優的國王，一次他到郊外遊玩，遊玩的路上，國王很生氣。因為他發現那些道路非常不好走，坑坑窪窪、高高低低，深一腳、淺一腳，把人的腳都磨破了。回來以後，他立刻下令將全國的道路都舖上牛皮，這樣路就好走了。顯然這樣的事情是不可能的，非常勞民傷財。於是，一個大臣建議國王讓他自己用牛皮將腳包住，這樣就好走了。國王覺得有道理，就採納了他的建議。

同樣的一件事情，如果按照國王的思維來做，必然會耗費大量的牛皮，百姓會因此付出很大的代價。但是，經過大臣的建議，不僅解決了國王的問題，還減輕了百姓的負擔。這就是思維的轉變，道路是無法改變的，但是，我們卻可以改變自己，用改變自己的方式去應對這個世界的不完美，才是我們最應該做的事情。

當你改變了自己，你也就得到了更多微笑的理由！

很多人之所以對這個世界不滿，正是因為不會改變自己。改變自己並不難，只要你想要改變，隨時都可以加入幸福的隊伍！

想要改變自己，我們不妨試著去改變自己的目標，改變自己的性格，改變自己的心境。我們可以降低幸福的標準，不要讓自己太過於浮躁，用淡然的心來面對一切。當你的期望降低了，你的收穫也就會相對增加，你會學會知足，不會因為一點小事情而頹喪不起。善於改變自己的人之所以會得到更多微笑，就是因為他們看到了美好的一面。生活中的正能量多了，微笑自然也就多了！

學會規劃自己的生活

很多人抱怨這個世界不公平，抱怨自己一事無成，其實，這些都和世界無關，無非是我們自己沒有把握好自己。如果我們善於改變自己，善於規劃自己的生活，那麼，無奈或許就會少一點，對這個世界的看法也會更加明朗一點！

說到規劃自己的生活，很多人可能很不屑，因為他們覺得人生的起伏很多，並不是你想要怎樣就可以怎樣。是的，生活是不能隨心所欲的，但是，生活卻也不能雜亂無章。沒有規劃的人生，只能讓你的生活變得更加糟糕。規劃生活並不是讓你改變世界，而是為了讓你改變自己，能夠讓你更好地適應這個社會！

會規劃自己生活的人，他們必然是懂得變通，他們不會因為一些不公平而憤憤不平，他們喜歡做的事情就是按照自己的規劃來一步步完成自己的目標，即使前方的道路困難重重，但是，因為有目標在，他們不迷茫，他們不會迷失自己。所以，他們在面對頑固的世界時，首先會改變自己，也正是因為如此，他們獲得成功的機率比他人更多，他們的微笑也更多！

會規劃自己生活的人，他們總是從容沉著的，他們不會憤世嫉俗，他們雖然看到了這個世界的醜惡，但是，他們看到更多的是這個世界的美好。因為心中有夢想、有目標，所以他們的未來充滿了希望。他們的生活不是沒有煩惱，只是，他們淡化了煩惱，放大的理想，所以，他們的臉上會有更多的微笑。只要希望在，人生就是美好的！

試著學會規劃自己的生活，相信，生活中的一切都會變得美好起來，微笑的理由也會跟著變多了起來！

改變也微笑

抱怨，是一項徒勞無功的事情，與其浪費時間在抱怨上，不如努力去改變自己！

改變世界不如改變自己，換一個思維來看世界，世界才能更美好！

路在自己腳下，學會規劃自己的生活，也就不會被世界的困難牽絆了！

40

抉擇過後，放下非必要的就是快樂

生活總是給予我們很多，但是，我們卻不能照單全收。人的承受能力是有限的，如果不懂得放棄，那麼，生活必然會變成負擔。所以，我們時常會面臨抉擇，也必須要學會放棄。那些非必要的東西，如果可以不如統統放棄。身心輕鬆了，微笑的理由自然多了起來！

Lanny 覺得自己生活得很累，覺得生活根本沒有快樂可言。確實，Lanny 不僅自己覺得累，就連我這個外人看到他的生活都會覺得他很累。

其實，讓他感覺累的原因很簡單，那就是他不懂得放下。

Lanny 的性格屬於優柔寡斷的類型，每當遇到抉擇的時候，他總是猶猶豫豫，這個也不願意放下，那個也不願意丟棄，往往得到的結果不如預期好，反而讓他更累。

比如最近，Lanny 的公司在做人事調整，公司有意將他調到其他部門，根據以往的情況看，到了其他部門可能會有更好的薪水待遇，如果換成其他人，可能就會毫不猶豫地去了。但是 Lanny 卻不是，Lanny 一方面覺得新部門可能會給自己帶來更好的發展，一方面又捨不得在舊部門打下的基礎。最後，他還是選擇了舊部門。但是，不久後，他又後悔了，因為到了新部門的同事果然比現在要好很多。於是，他又陷入了鬱悶中！

其實，既然已經選擇過了，又何必去斤斤計較呢？即使再去追究也無濟於事。我們因為一個錯誤的選擇而導致微笑減少，豈不是損失更大？

所以，既然錯過了，那些就已經成為了生命中非必要的東西，我們要做的就是守住自己眼前的東西。

不是每個抉擇都是正確的，但是，既然選擇了，那麼我們就要珍惜這份選擇。

人生的負荷是有限的，我們不能將所有的東西都背在身上，很多時候，只有我們放下了，才能得到更多的快樂和微笑！

有一個年輕人，找到了大師：「大師，我感到很累，又孤獨又寂寞。你看我的手受傷了，嗓子也啞了，鞋子也磨破了，可是，我還是沒有找到陽光，還是感到不快樂！」

大師看了一眼年輕人背著的大包裹，問道：「那裡面裝的是什麼？」

年輕人說：「是人生一些非常重要的東西。有痛苦、煩惱、哭泣、寂寞、無助，這都是我的人生經歷，正是因為有了它，我才有了前進的動力。」

於是，大師帶著他來到河邊，乘船到了對岸。然後，大師說：「把船扛到肩上吧！」

年輕人愣了一下，說：「我怎麼能扛動呢？」

大師說：「是啊，你肯定扛不動。每個人的力量都是有限的，既然經歷了，我們就要學會放下。雖然它們對我們曾經有過幫助，但是，我們也沒有必要經常扛著它們，學會放下非必要的，生活才能更輕鬆、更快樂！」

生活中，很多人其實都和這個年輕人一樣，總覺得生活中的任何東西都是重要的，這個也不願意捨棄，那個也不願意捨棄，最後搞得自己筋疲力盡。其實，我們完全沒有必要讓自己活得那麼累，只要放下就可以了！

放下了，輕鬆了，微笑自然也就來了！

選你所愛，愛你所選

人生總會遇到岔路口，我們也難免會遇到很多抉擇，或許就是在那一瞬間的決定，你的人生就會進入完全不同的境界。在我們面臨抉擇的時候，也許一直有人在旁邊指導著你，告訴你哪一條路是最好，建議你選擇哪一條路。但是，即使這樣，你也有可能對自己選擇的路不滿意。因為人生有著太多的不確定和意外，即使你沿著他人曾經走過的道路依舊可能碰到不可預期的礁石。

也有人在抉擇的時候，總是不斷衡量對與錯，總想要選擇一條對的道路。可是，人生中的大多數抉擇是不能單單用對錯來區分的，人生沒有絕對的對與錯。何謂對？何謂錯？在不同的人眼中，有著不同的標準。因此，在我們抉擇的時候，大可不必猶豫徘徊太多，既然未來是不可預知的，我們不妨選擇自己的所愛。但是，既然選擇了，你也要愛你所選。既然選擇了，我們不妨試著用微笑去接受，找出更多的微笑理由！

人心是奇怪的，就算你選擇了向左，或許還會覺得右邊更好；

選擇了向右，會覺得左邊更美。

即使你後悔了，但是，人生是一條單行道，你無法回頭，只能向前。

幸福的人，是不會羨慕他人的道路，因為他們總是能夠看得開。

他們雖然知道有更好的果子在前方，但是，他們更清楚，人生不能讓你看遍所有的果子才給你選擇的機會，於是，他們就選擇了身邊最大最紅的那一個。既然選擇了，也就不要後悔，與其為那不確定的更大果子而懊喪，不如愛惜眼前這個到手的果子！

人生最好的選擇是什麼？不是那條最好的道路，而是最適合你的道路。

因此，我們選擇的未必不是不好的，既然如此，用心去愛自己的選擇，你的微笑也就會更坦然一點！

放棄該放棄的

有一個即將離開人世的老太太，安靜地躺在病床上，一位年輕的女子站在床邊，問她說：「您這一生有放棄的東西嗎？」

老天太說：「當然有，我放棄的東西太多了，多得我都數不清了！」

「那您肯定覺得很遺憾吧？」

「不，我一點都不遺憾。人生就是這樣，放棄了該放棄的，才能得到想要的，才能更幸福、更快樂！」

是的，老太太說得沒錯，人生就是在不斷放棄與不斷得到中循環反復的。很多時候，我們將所有東西都背負在身上，反而不能給自己帶來快樂和微笑，只會得到更多煩惱。而放棄了那些不必要的東西，我們或許就會更加快樂！放棄了，雖然可惜卻輕鬆了，那麼，我們是不是該微笑一下呢？

生活有時候會跟我們開玩笑，它雖然讓我們看到了很多，可是，卻不會讓我們得到那麼多，於是，我們就會面臨多種抉擇。至於如何選擇，選擇權則完全在於我們自己。

有的人經過抉擇後，依舊會很快樂、很幸福；

有的人則不然，抉擇意味著放棄，所以他們會變得鬱鬱寡歡。

這樣的人，心靈容易被困在一件事物上，得不到又放不下。但是，人的承受力是有限的，當無法承受的時候，你或許就會崩潰。

放棄該放棄的，不是一個簡單的行為，更重要的是我們心靈思想的改變。

看不開的人，完全是自尋煩惱、作繭自縛。或許你因為陷入了無法自拔的糾結中，反而錯過了另一個屬於你的願望。與其給自己尋煩惱，不如選擇放下。

放下了，就快樂了；

放下了，就不用再想了；

放下了，也就過去了！

放棄的時候，你非常痛不欲生，覺得難以割捨，似乎沒有了那些東西你就無法生活了。但是，當你過了一段時間再回頭去看，或許就會發現，那些東西似乎也不是生命中必須存在的。

是的，凡是能夠放下的東西，其實大多都是生命中非必要的東西，即使當時你覺得必須要有，過一段時間，你可能會發現那些東西可有可無，即使放棄了也不會可惜，反而讓你更加輕鬆了！

既然是非必要的，那就放棄吧！用放棄的態度對待人生，快樂和微笑就不會遠離。

有捨才有得

面臨抉擇的時候，人們將更多的注意力都放在了放棄的部分，很少有人關注那些得到的東西。這又是為什麼呢？其實不過是心理作祟罷了。對於失去的東西，我們之所以耿耿於懷是覺得可惜，而對於那些得到的東西我們卻認為是理所當然。

俗話說：有捨才有得。如果我們不捨棄，如何又能得到呢？失去和得到其實是相輔相成的，如果要得到西瓜，必須要失去芝麻。得到了物質可能會失去精神；得到了精神可能會失去物質。

其實，得到了未必是好事，失去了也未必是壞事。

當你失去的時候，我們要坦然面對，不要懊惱；
得到了也不能驕傲，或許哪天還有可能會失去。

既然，捨棄才能得到，那麼，我們就不要再去糾結那些失去的，不妨將眼光放在得到的東西。

珍惜現在，放下那些非必要的東西，微笑會更多一點，陽光會更燦爛一點！

捨得也微笑

人生抉擇有很多，有了抉擇就有了放棄，如果放棄能夠讓你更快樂，那就不妨乾脆一點！

捨得捨得，有捨才會有得。人生就是這樣，捨棄了才能得到，得到了還有可能失去。因此，不要糾結失去的，更要珍惜得到的！

快樂其實很簡單，只要放下非必要的東西，讓心靈自由呼吸，快樂自然就來了！

國家圖書館出版品預行編目資料

揚起你的嘴角／李雲帆著.
——第一版——臺北市：字阿文化 出版；
紅螞蟻圖書發行，2015.3
面　；　公分——(Wisdom Books；16)
ISBN 978-957-659-996-5（平裝）

1.修身 2.生活指導

192.1　　　　　　104003044

Wisdom Books 16

揚起你的嘴角：給自己40個微笑的理由

作　　者／李雲帆
發 行 人／賴秀珍
總 編 輯／何南輝
責任編輯／韓顯赫
校　　對／賴依蓮、鍾佳穎、周英嬌
美術構成／Chris' office
出　　版／字阿文化出版有限公司
發　　行／紅螞蟻圖書有限公司
地　　址／台北市內湖區舊宗路二段121巷19號（紅螞蟻資訊大樓）
網　　站／www.e-redant.com
郵撥帳號／1604621-1　紅螞蟻圖書有限公司
電　　話／(02)2795-3656（代表號）
傳　　真／(02)2795-4100
登 記 證／局版北市業字第1446號
法律顧問／許晏賓律師
印 刷 廠／卡樂彩色製版印刷有限公司
出版日期／2015年3月　第一版第一刷

定價 280 元　港幣 94 元

ISBN 978-957-659-996-5　　　Printed in Taiwan